| | | | |
|---|---|---|---|
| 39 | 太阳 | 51 | |
| 40 | 早中晚 | 52 | |
| 41 | 做什么 | 53 | |
| 42 | 猜谜语 | 54 | |
| 43 | 小兔和小鸟 | 55 | |
| 44 | 妹妹睡觉 | 56 | |
| 45 | 饭前洗手 | 57 | |
| 46 | 看书 | 58 | |
| 47 | 找一找、读一读（给小动物找家） | 59 | |
| 48 | 看一看、读一读（辨别部分声母） | 60 | |
| 49 | 看一看、说一说（他们做什么） | 61 | |
| 50 | 认一认、读一读（水果） | 62 | |
| 51 | 认一认、读一读（家畜家禽） | 63 | |
| 52 | 认一认、读一读（野兽） | 65 | |
| 53 | 认一认、读一读（室内用品） | 67 | |
| 54 | 认一认、读一读（蔬菜） | 68 | |
| 55 | 认一认、读一读（车） | 69 | |
| 56 | 看一看、说一说（吃什么） | 71 | |
| 57 | 看一看、说一说（小红的家） | 72 | |
| 58 | 看一看、读一读（什么好、什么不好） | 73 | |
| 59 | 看一看、说一说（小动物） | 75 | |
| 60 | 摸一摸、听一听（我听见了） | 76 | |

| | |
|---|---|
| 编写说明 | 78 |
| 教学提示 | 80 |
| 附录 I | 106 |
| 附录 II | 107 |

# 1 我会说话了

2 我们在上课

# 3 听力检查
tīng lì jiǎn chá

# 4 语言技能训练

5 在生活中学习语言

## 6 在游戏中学习语言

# 7 d

d

da…… dā dá dǎ dà　　dī dí dǐ dì　　dū dú dǔ dù

dà yī　　dì di　　dú shū　　dǔ zi
大 衣　　弟 弟　　读 书　　肚 子

dì di chuī dí zi
弟弟吹笛子。

dì di qí mù mǎ
弟弟骑木马。

# 8 t

t

tù

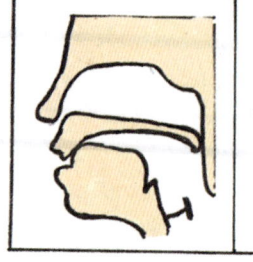 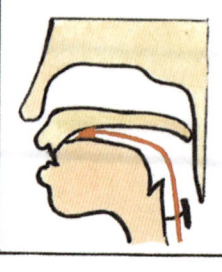 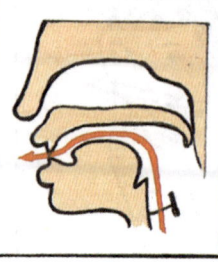 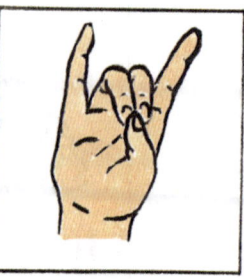

tā tá tǎ tà　　tū tú tǔ tù　　tī tí tǐ tì

wèi tù　　　　tī qiú　　　　tuī tǔ　　　　tiào wǔ
喂 兔　　　　踢 球　　　　推 土　　　　跳 舞

xiǎo tù tái tǔ
小 兔 抬 土。

dì di tī qiú
弟弟踢球。

yé ye tuī tǔ
爷 爷 推 土。

xiǎo péng yǒu tiào wǔ
小 朋 友 跳 舞。

# 9 n

niú

n

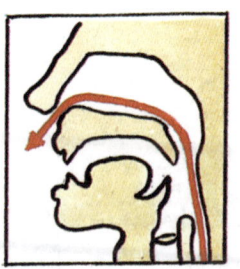

nā ná nǎ nà  　　　　　nī ní nǐ nì  　　nū nú nǔ nù

dà niú　　　niú nǎi　　　nán nǚ　　　xiǎo niǎo
大 牛　　　牛 奶　　　男 女　　　小 鸟

dà xiǎo
大——小

nán nǚ
男——女

牛
小

nǎi nai ná bēi zi　nǚ hái hē niú nǎi
奶奶拿杯子。女孩喝牛奶。

# 10 ai

ai

bǎi

dài

jiǎng tái zhuō

ài

pái

mài

nǎi

āi ái ǎi ài

pāi qiú
拍 球

pái duì
排 队

mǐ dài
米 袋

bái cài
白 菜

<small>xiǎo bái tù   bái yòu bái   liǎng zhī ěr duo lì qǐ lái</small>
小白兔,白又白,两只耳朵立起来。

<small>ài chī luó bo ài chī cài   bèng bèng tiào tiào pǎo de kuài</small>
爱吃萝卜爱吃菜,蹦蹦跳跳跑得快。

# 11 ao

ao

ǎo  bāo  mào  pào  pǎo  dāo

āo  áo  ǎo  ào

bāo zi    kàn bào    pǎo bù    dà dāo
包 子    看 报      跑 步      大 刀

<pre>
lǎo māo pǎo
老  猫  跑,


xiǎo māo tiào
小  猫  跳。
</pre>

刀子

<pre>
bǎo bao ná dà dāo
宝 宝 拿 大 刀。
</pre>

## 12 ou

 ou

dòu

tóu

ǒu

ōu óu ǒu òu

dǒu

dòu

tóu fa

chī dòu zi
吃 豆 子

dòu fu
豆 腐

tóu
头

tóu fa
头 发

xiǎo hóu qí xiǎo gǒu
小 猴 骑 小 狗。

nǎi nai mǎi dòu fu
奶 奶 买 豆 腐。

头

## 13 tóu 头

tóu
头

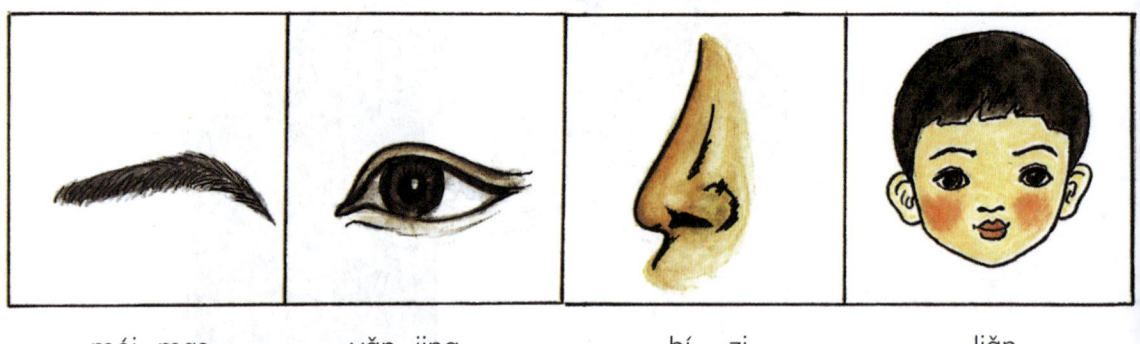

| méi mao | yǎn jing | bí zi | liǎn |
|---|---|---|---|
| 眉毛 | 眼睛 | 鼻子 | 脸 |

zuǐ　　　　　yá　　　　　shé　　　　ěr duo
嘴　　　　　牙　　　　　舌　　　　　耳朵

nǐ de bí zi ne
你的鼻子呢?

wá wa de yǎn jīng ne
娃娃的眼睛呢?

# 14 我你他

wǒ nǐ tā
我 你 他

nǐ jiào shén me míng zi
你 叫 什 么 名 字?

nǐ jǐ suì le
你 几 岁 了?

## 15 学习

Wáng Xiǎo xiāng xiě zì
王 小 香 写 字。

Yú Hǎi kàn shū
于 海 看 书。

Dīng Yī huà huà
丁 一 画 画。

Niú niú shuō ér gē
牛 牛 说 儿 歌。

王 于 丁

# 16 身体
shēn tǐ

wǒ de shēn tǐ hǎo
我的身体好，

tiān tiān zuò zǎo cāo
天天做早操。

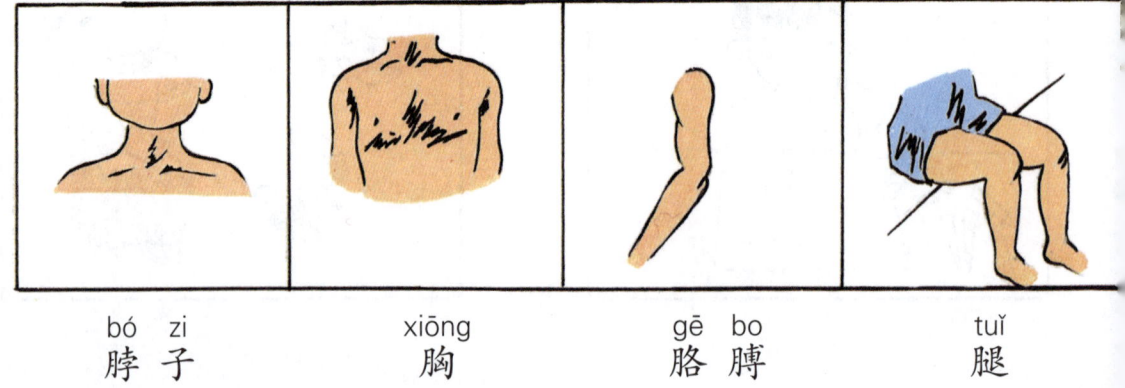

| bó zi | xiōng | gē bo | tuǐ |
| 脖子 | 胸 | 胳膊 | 腿 |

| shǒu | shǒu zhǐ | jiǎo | jiǎo zhǐ |
|---|---|---|---|
| 手 | 手 指 | 脚 | 脚 趾 |

xiǎo péng yǒu zuò cāo
小 朋 友 做 操。

## 17 颜色 (yán sè)

hóng 红　　bái 白　　hēi 黑　　lǜ 绿

hóng huā 红花　　bái yún 白云　　hēi bǎn 黑板　　lǜ yè 绿叶

yǐn shí
# 18 饮食

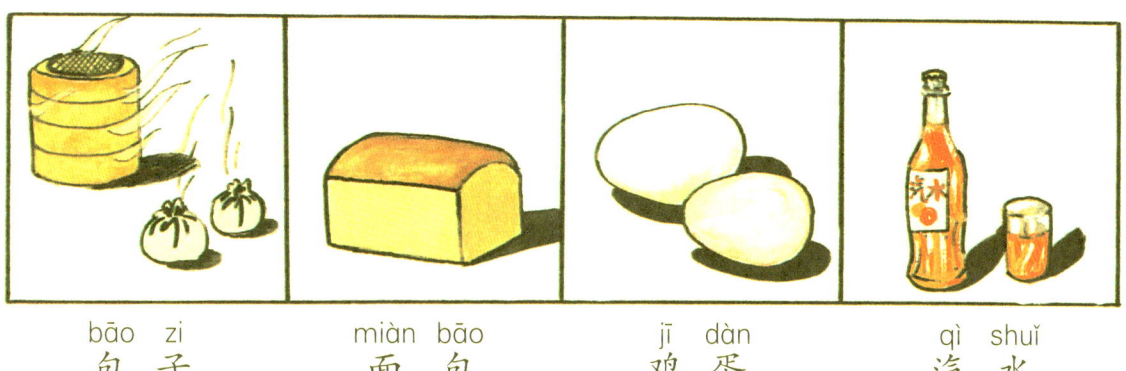

bāo zi　　miàn bāo　　jī dàn　　qì shuǐ
包子　　　面包　　　鸡蛋　　汽水

chī miàn bāo
吃 面 包

hē qì shuǐ
喝 汽 水

## 19 吃什么
chī shén me

hóu zi chī táo zi
猴子吃桃子。

lǎo hǔ chī ròu
老虎吃肉。

dà xiàng chī cǎo
大象吃草。

xióng māo chī zhú zi
熊猫吃竹子。

mǎ niú yáng chī cǎo
马、牛、羊吃草。

yā chī yú
鸭吃鱼。

hú li láng chī ròu
狐狸、狼吃肉。

## 20 动物 (dòng wù)

mǎ 马　　niú 牛　　yáng 羊　　zhū 猪

jī 鸡　　yā 鸭　　é 鹅　　gǒu 狗

dòng wù yuán lǐ yǒu shén me　　dòng wù yuán lǐ yǒu hěn duō dòng wù
动物园里有什么?　　动物园里有很多动物。

## 21 阿姨早
ā yí zǎo

shū shu　　　　ā yí
叔 叔　　　　阿 姨

gē ge　　　　jiě jie
哥 哥　　　　姐 姐

yé ye　　　　nǎi nai
爷 爷　　　　奶 奶

ā yí zǎo
阿姨早。

nǎi nai hǎo
奶奶好。

yé ye zài jiàn
爷爷再见！

## 22 三 四 五
sān sì wǔ

三　四　五

xiǎo huā māo mǎi wán jù
小花猫,买玩具。

mǎi shén me
买什么?

sān gè wá wa
三个娃娃,

sì gè qiú
四个球,

wǔ gè biān pào
五个鞭炮,

pā　pā　pā
啪!啪!啪!

## 23 来 去

来 lái  去 qù

上 shàng  下 xià

高 gāo  矮 ǎi

duō shǎo
# 24 多少

| | | | |
|---|---|---|---|
| duō 多 | | shǎo 少 | |
| hǎo 好 | | huài 坏 | |
| duì 对 | | cuò 错 | |

## 25 家用电器 (jiā yòng diàn qì)

电视机 (diàn shì jī)

电冰箱 (diàn bīng xiāng)

收录机 (shōu lù jī)

电扇 (diàn shàn)

# wū zi lǐ
## 26 屋子里

zhuō zi　yǐ zi　wǎn　kuài zi
桌子　椅子　碗　筷子

zhěn tou　　　bèi zi
枕头　　　被子

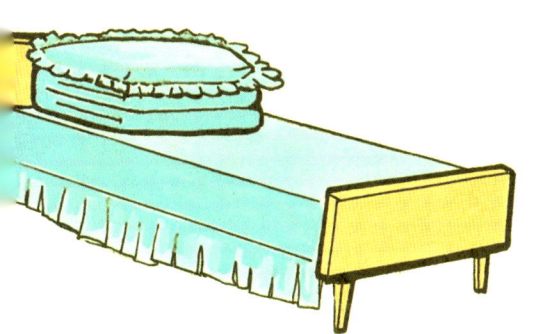

chuáng shàng yǒu bèi zi
床 上 有 被 子。

zhuō zi shàng yǒu wǎn
桌 子 上 有 碗。

## 27 l

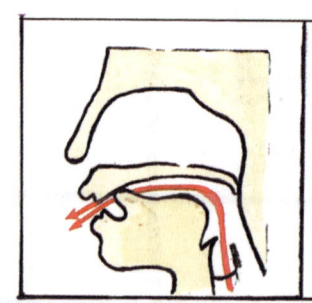

lā lá lǎ là

lī lí lǐ lì

lū lú lǔ lù

lā　　　　là　　　　lù　　　　lí　　　　lú

wǒ chī lí　　　wǒ ná là bǐ　　　nǐ qǐ lì　　　lǎo lao lā máo lú
我 吃 梨。　　　我 拿 蜡 笔。　　　你 起 立。　　　姥 姥 拉 毛 驴

# 28 h

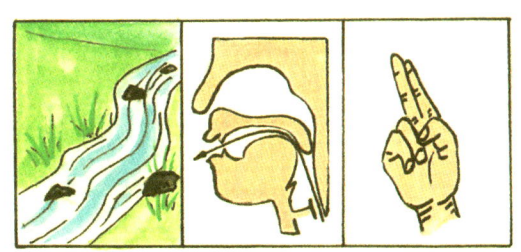

h

hē hé hě hè

hū hú hǔ hù

hāi hái hǎi hài

hā  hǎi  hé  hú  hú lu  hǔ

Xiǎo hǎi chuī hào. dì di hē shuǐ. zhè shì hú li hé lǎo hǔ.
小 海 吹 号。弟 弟 喝 水。这 是 狐 狸 和 老 虎。

# 29 ia

ia

iā iá iǎ ià

yā

liǎ

xiǎo yā jiào gā ga
小 鸭 叫 嘎 嘎,

pǎo lái zhǎo mā ma
跑 来 找 妈 妈。

xiǎo yā nǐ bié kū
小 鸭 你 别 哭,

mā ma huí lái la
妈 妈 回 来 啦!

## 30 ua

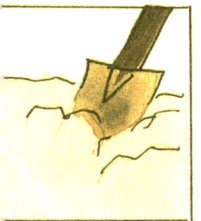  

wā　　　　wá　　　　huā

ua

wǎ　　　　wà　　　　huá

wā

uā　uá　uǎ　uà

wū yā wā wā jiào　　mèi mei ná wà zi　　wǒ hé Xiǎo hǎi wā tǔ
乌鸦哇哇叫。　　　　妹妹拿袜子。　　　　我和小海挖土。

40

# 31 uo

uo

uō  uó  uǒ  uò

wō niú chī cài
蜗 牛 吃 菜。

gōng jī wō wō jiào
公 鸡 喔 喔 叫。

wǒ jiào Yú Hǎi
我 叫 于 海。

Yú Hǎi hé Lǐ Hǔ wò shǒu
于 海 和 李 虎 握 手。

## 32 水果

shì zi 柿子  xiāng jiāo 香蕉  píng guǒ 苹果

jú zi 橘子  xiāng guā 香瓜  táo zi 桃子

zhè shì shén me shuǐ guǒ
这是什么水果？

zhè shì táo
这是桃。

nǐ chī shén me
你吃什么？

wǒ chī xiāng jiāo
我吃香蕉。

tā chī táo zi
他吃桃子。

nǎi nai chī dà de, wǒ chī xiǎo de
奶奶吃大的，我吃小的。

## 33 蔬菜 (shū cài)

菜场里有什么？(cài chǎng lǐ yǒu shén me)

菜场里有很多菜。(cài chǎng lǐ yǒu hěn duō cài)

bō cài
菠 菜

qín cài
芹 菜

qié zi
茄 子

biǎn dòu
扁 豆

## 34 车 chē

公共汽车 gōng gòng qì chē
电车 diàn chē
大轿车 dà jiào chē
卡车 kǎ chē
马车 mǎ chē
摩托车 mó tuō chē

xiǎo péng yǒu shǒu lā shǒu
小朋友，手拉手，

yī qí zǒu dào mǎ lù kǒu
一齐走到马路口。

kàn dào hóng dēng tíng yī tíng
看到红灯停一停，

kàn jiàn lǜ dēng xiàng qián zǒu
看见绿灯向前走。

dà jiē shàng yǒu shén me
大街上有什么？

# wǔ yī jié
# 35 五一节

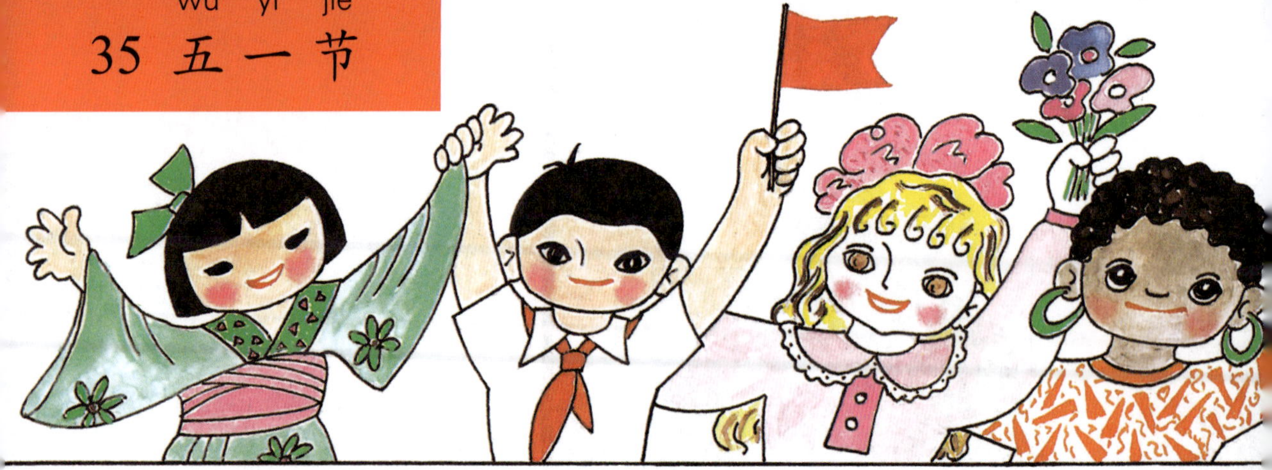

wǔ yuè yī rì shì Guó Jì Láo Dòng Jié
五月一日是国际劳动节。

sǎo dì
扫地

cā zhuō zi
擦桌子

xǐ shǒu juàn
洗手绢

wǒ men ài láo dòng
我们爱劳动。

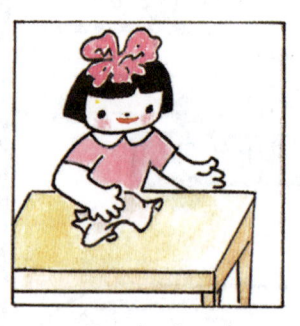

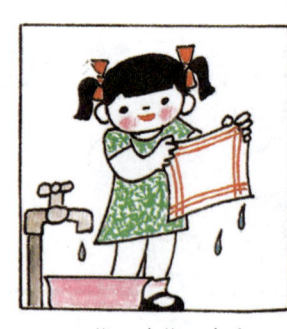

māma hé Yú Hǎi zuò shénme
妈妈和于海做什么?

## 36 在公园里
zài gōngyuán li

kàn huā 看花

pá shān 爬山

huá chuán 划船

jiǎn shù yè 捡树叶

# 37 山 shān

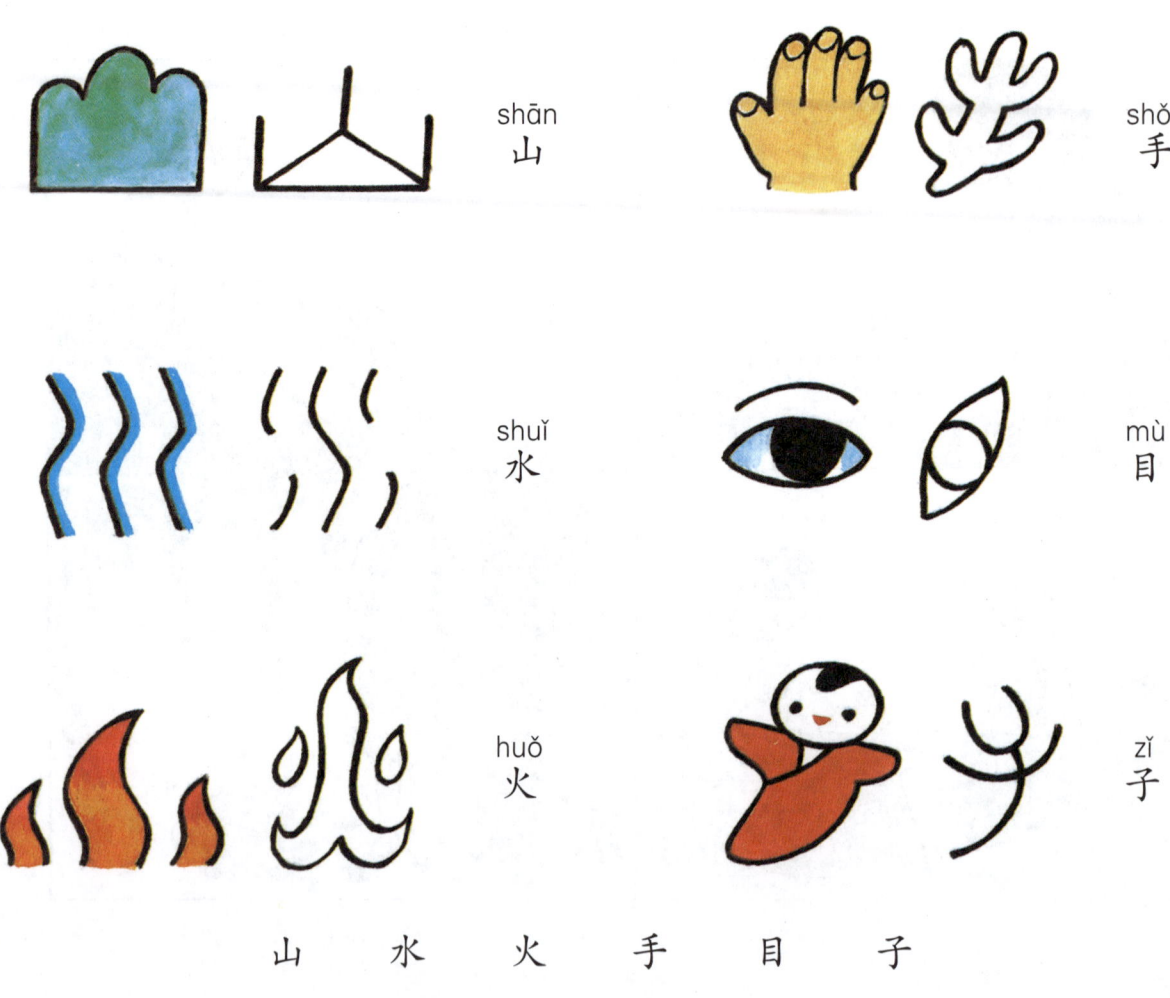

山 水 火 手 目 子

zhè shì shén me xíng
这是什么形？

## 38 形状
xíng zhuàng

sān jiǎo
三角

yuán
圆

fāng
方

# 39 太阳

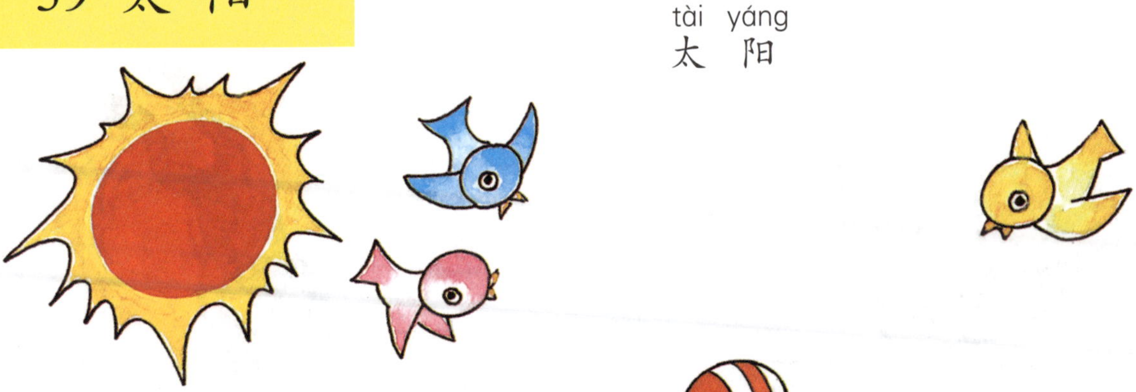

tài yáng

太 阳

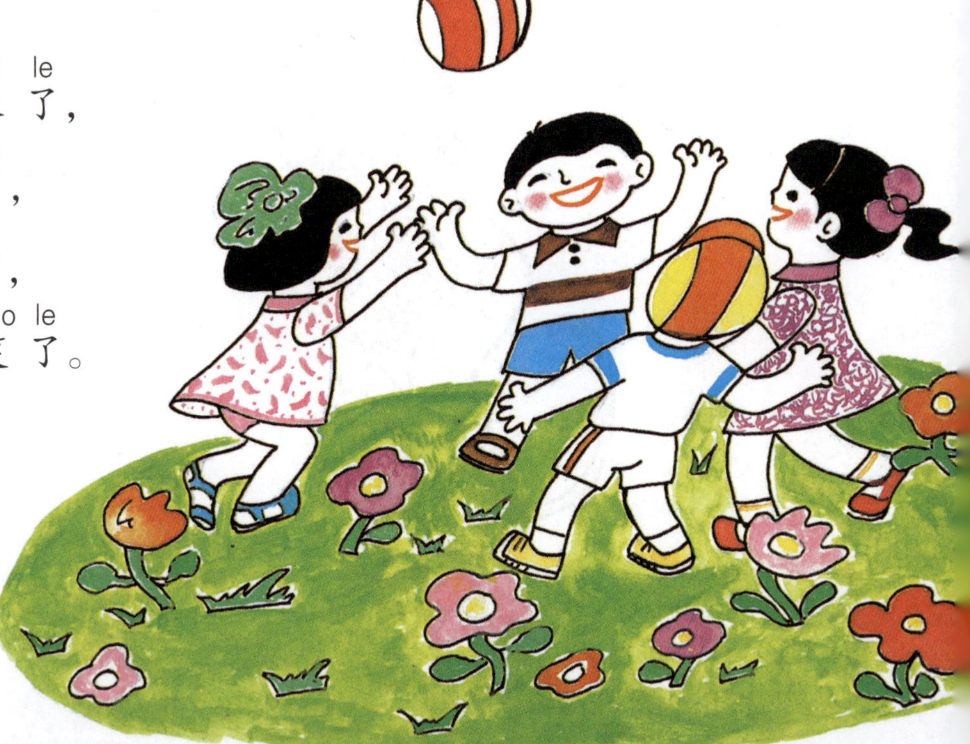

太阳出来了，
小花开了，
小草绿了，
小朋友笑了。

## 40 早 中 晚
zǎo zhōng wǎn

zǎo chén
早 晨

zhōng wǔ
中 午

wǎn shàng
晚 上

péng yǒu shàng yòu ér yuán
朋 友 上 幼 儿 园。

xiǎo péng yǒu chī fàn
小 朋 友 吃 饭。

xiǎo péng yǒu shuì jiào
小 朋 友 睡 觉。

## 41 做什么
zuò shén me

kàn diàn shì
看电视

huà huà
画画

yóu yǒng
游泳

kàn xì
看戏

gē ge kàn shū
哥哥看书。

dì di yóu yǒng
弟弟游泳。

jiě jie huà tú huà
姐姐画图画。

mèi mei zuò yóu
妹妹做游

# 42 猜谜语

娃娃白又胖,

冬天坐地上,

不怕刮大风,

就怕晒太阳。

## 43 小兔和小鸟
xiǎo tù hé xiǎo niǎo

xiǎo tù ná qì qiú
小兔拿气球。

qì qiú fēi zǒu le
气球飞走了。

xiǎo tù kū le
小兔哭了。

xiǎo niǎo zhǎo lái qì qiú xiǎo tù xiào le
小鸟找来气球。小兔笑了。

## 44 妹妹睡觉

妹妹睡觉了。

小朋友拍皮球。

姐姐说："不要拍。"

小朋友走了。

## 45 饭前洗手

桌子上摆着包子、馒头和面包。

小明手脏。姐姐让他洗手。

小明洗手。

小明和姐姐吃饭。

kàn shū
# 46 看书

Xiǎo hǎi qù ná shū
小 海 去 拿 书。

yé ye kàn shū
爷 爷 看 书。

Xiǎo hǎi xué yé ye
小 海 学 爷 爷。

Xiǎo hǎi yě kàn shū
小 海 也 看 书。

## 47 找一找、读一读

## 给小动物找家

辨别部分声母

48 看一看、读一读

## 49 看一看、说一说

他们做什么

请按数字的顺序把点连起来，找出意思相反的字，连上线。

大 坏　　多 上

好 小　　下 少

男 对　　来 高

错 女　　矮 去

shuǐ guǒ
水果

50 rèn yī rèn、dú yī dú
认一认、读一读

lí  　　　　　píng guǒ  　　　xiāng jiāo  　　　jú zi
梨  　　　　　苹 果  　　　　香 蕉  　　　　　橘 子

shì zi  　　　　pú táo  　　　　táo  　　　　　xī guā
柿 子  　　　　葡 萄  　　　　桃  　　　　　　西 瓜

# 51 rèn yī rèn、dú yī dú
## 认一认、读一读

# jiā chù jiā qín
# 家畜家禽

## 52 认一认、读一读

## 53 认一认、读一读

### 室内用品

台灯

杯子

钟

锅

壶

盆

床

暖壶

柜子

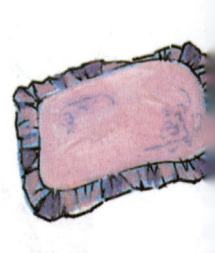
枕头

shū cài
蔬菜

54 rèn yī rèn、dú yī dú
认一认、读一读

| bái cài | luó bo | qié zi | yuán bái cài |
| 白菜 | 萝卜 | 茄子 | 圆白菜 |

| huáng guā | là jiāo | xī hóng shì | shì zi jiāo |
| 黄瓜 | 辣椒 | 西红柿 | 柿子椒 |

## 55 rèn yī rèn、dú yī dú
## 认一认、读一读

chē
车

jiù hù chē
救护车

xiāo fáng chē (jiù huǒ chē)
消防车（救火车）

xiǎo qì chē
小汽车

huǒ chē
火车

sǎ shuǐ chē
洒 水 车

jí pǔ chē yuè yě chē
吉 普 车（越 野 车）

zì xíng chē
自 行 车

sān lún chē
三 轮 车

## 56 kàn yī kàn shuō yī shuō
## 看一看、说一说

chī shén me
吃什么

tā men chī shén me
它们吃什么?

iǎo hóng de jiā
# 小红的家

kàn yī kàn shuō yī shuō
## 57 看一看、说一说

kàn tú quān cí
### 看图圈词

Xiǎo hóng zài cā shén me　zhuō yǐ
小红在擦什么？（桌椅）

huā píng li de huā shì
花瓶里的花是

shén me yán sè　hóng lǜ bái
什么颜色？（红绿白）

guà zhe de zhào piàn shàng yǒu shuí
挂着的照片上有谁？

bà ba mā ma yé ye nǎi nai
（爸爸、妈妈、爷爷、奶奶、

gē ge dì di mèi mei
哥哥、弟弟、妹妹）

chuāng wài shù shàng de
窗外树上的

shén me diào le　yè huā cǎo
什么掉了？（叶花草）

# 58 看一看、说一说

# shén me hǎo　shén me bù hǎo
# 什么好、什么不好

## 59 看一看、说一说

### 小动物

图上有哪些小动物？

它们在做什么？

谁把花摘走了？

4 藏在哪里？

## 60 摸一摸、听一听

我听见了

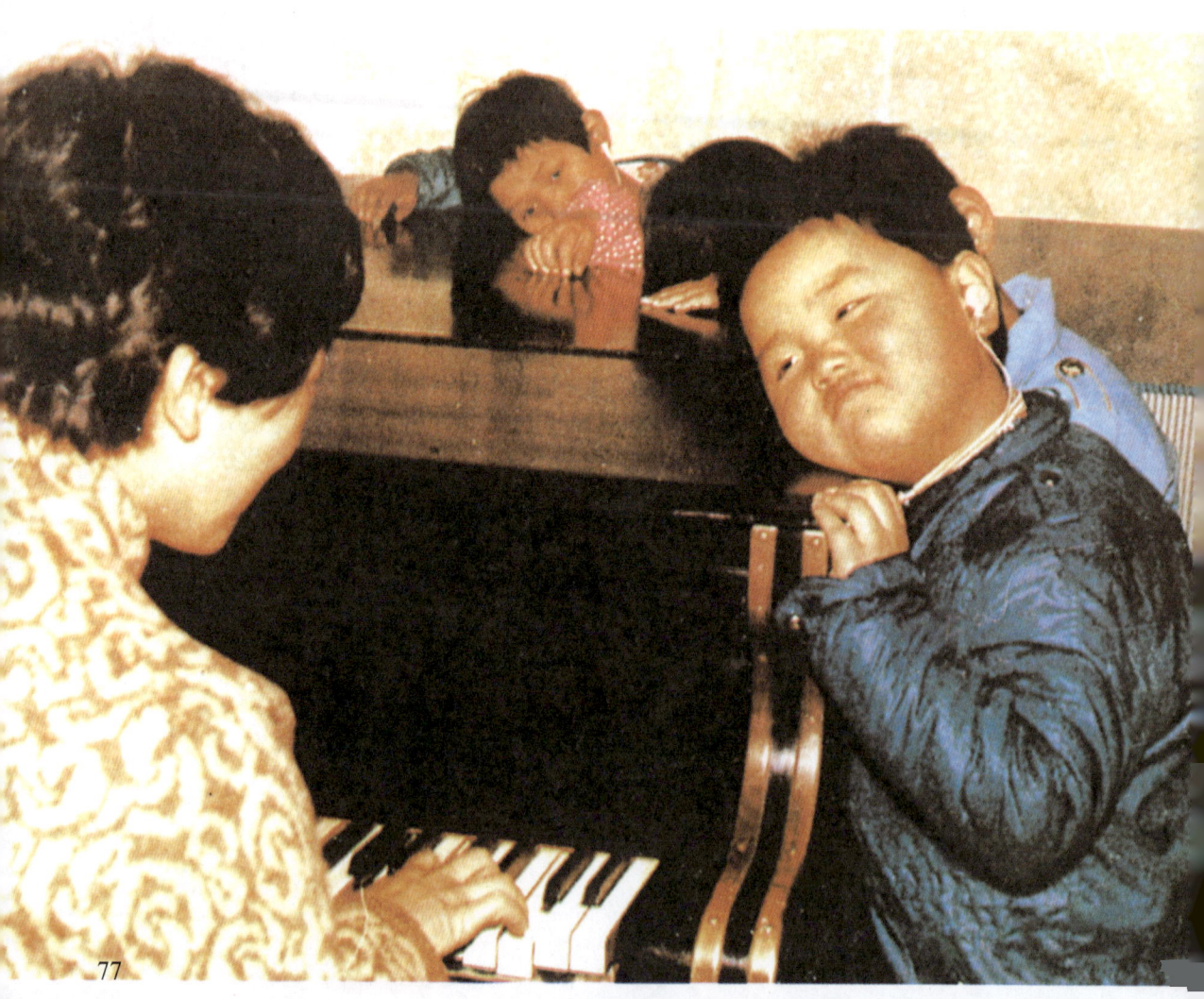

# 编 写 说 明

听力残疾（包括聋和重听）幼儿（以下简称聋幼儿）是我国幼儿的一部分，约有70万人。他们像正常幼儿一样，也是我们国家的未来。聋幼儿的康复工作是我国残疾人康复事业的一个重要组成部分。国务院颁布的《中国残疾人事业五年工作纲要（1988—1992）》明确提出了"对三万名聋儿进行听力语言训练"的"紧迫任务"，要求编写听力语言训练大纲和教材，以便多种形式地开展此项工作。

由于听力残疾，聋幼儿在言语形成的关键时期不能通过自然的途径学会说话，难于掌握人类社会中交往和思维的工具——语言。只有通过系统、科学的语言训练才可能使聋幼儿逐步理解和初步掌握有声语言。

全国三项康复工作办公室为适应聋幼儿语言训练的需要，组织有关同志编写了这套聋幼儿语言训练教材《学说话》。编写的指导思想是：根据我国的教育方针和国家规定的幼儿教育任务，结合聋幼儿特点，使他们体、智、德、美全面发展，补偿缺陷，在交往过程中适时地使聋幼儿的言语能力初步形成和发展，为进入学校打下语言基础。编写中注意到遵循思想性、科学性、补偿性、可接受性、渐进性、实用性等原则，吸取了国内外聋幼儿语训经验，努力使教材适合我国当前聋儿语训的实际。

这套教材专门为3至7周岁的聋幼儿学习和发展有声语言而编写，原则上每年使用一册。每册教材包括训练说话的内容40课和一定数量的练习课，均以"交往"为中心，将语音、词、句、看话、指语等训练和练习的内容有机结合而成。教材后有编写说明和对每课的教学提示，指出每课的训练重点、难点以及教法建议。第一、二册在训练课前安排了准备课内容。

在使用本教材时请注意：

（1）应根据聋幼儿的听力、智力、语言

（特别是发音）的实际水平、年龄特点等具体情况，灵活安排教学训练的进度和采取不同的训练方法，把班组教学和个别辅导结合起来。

（2）语言训练形式要符合幼儿心理发展特点，主要应在游戏活动中进行，以激发聋幼儿学说话的兴趣。

（3）语言训练要和听觉训练有机结合起来。

（4）教学要有法而无定法。训练者可根据实际情况参考教学提示，发挥自己的主观能动性。教材的顺序可按具体情况适当调整，也可对教材内容作必要的增减。

（5）要充分发挥家庭的作用。可通过各种方式与家长建立密切的联系，共同对聋幼儿进行语言训练和教育。

（6）训练者应对全套教材的结构和系统性有所了解，知道每课的基本内容和要求，以便在训练过程中做好课与课、册与册之间的相互衔接。

这套教材的主编是朴永馨（北京师范大学特教研究中心）；助手是黎明和马岭梅（中国聋儿康复研究中心）；第一册编者为万选蓉（中国聋儿康复研究中心）；第二册编者为吴立平（北京第一聋哑学校）；第三册编者为蓝荫风（天津市聋哑学校）；第四册编者为林涵瑾（北京第二聋哑学校）。

广州市聋哑学校简栋梁和南京特殊教育师范学校沈玉林同志也参加了这项工作。在教材编写过程中，得到了各地多位聋教育、医学、听力学、语言学等方面专家的热诚帮助，其中部分专家还参加了手稿的审定工作。几位热心的美术工作者为绘制插图付出了辛勤的劳动。华夏出版社为按时出版尽了最大的努力。对他们表示衷心感谢。

由于时间紧迫和编写水平有限，教材难免存在错误与不足之处，需在今后不断地修改完善。敬请聋儿康复教师、聋幼儿的家长和有关人士在试用中提出宝贵的意见。

编　者
1990 年 6 月

# 教 学 提 示

4-5岁的受训聋幼儿经过一年启蒙性的听力、语言训练,已能听(看)懂很简单的话语,初步意识到语言的交际作用,有了学习说话的愿望和兴趣。他们已经学习了汉语拼音中的6个韵母和4个声母,接触了100多个常用词,掌握了一些简单的单词句和少量的双词句,具备了初步的交往能力,能借助非口语形式和他人进行很简单的交往。但是,他们还不能很好地掌握发音技能,对学过的词语理解不深,有的是囫囵吞枣地获得的,掌握的句式也很少,仍处在语言发展的起步阶段,还不能进行积极的语言交往。所以,他们还要在本年龄段继续接受语言训练,进一步学习说话。

本册教材分为三大部分。

### 一、准备部分

准备部分有6课。通过6课的学习,要让聋幼儿树立学会说话的信心,进一步熟悉本年龄段语言训练的形式和方法,提高在生活中、游戏中学习说话的兴趣,为进入训练部分做好准备。

### 二、训练部分

训练部分是本册教材的主要部分,共40课,包括语音、词语、句子及儿歌、故事等项训练内容。对各项训练内容的要求如下。

1. 语音

进一步复习巩固在3-4岁年龄段学过的声母和韵母。继续学习声母d、t、n、l、h,韵母ao、ou、ai、ia、ua、uo。

为了发好语音,要坚持进行语言技能的训练,如呼吸训练、舌体操、唱音训练等。

发音的口形、舌位要基本正确,发音要力争清晰。残余听力较好的聋幼儿要初步学习声调,其他聋幼儿要知道声调这一现象。

学会手指字母,用指式辅助发音。

2. 词语

学习词语200多个,其中以名词、动词为主,还有形容词、数词、量词和个别虚词.

同时，要反复运用在上一年龄段学过的词语，以加深理解。

训练中，教师要把生词的音和义的教学作为重点，侧重训练聋幼儿的听和说的能力，可以用指式和看话辅助听说训练。词义的讲解要适应他们的语言发展水平和接受能力，要充分利用画图、实物或动作表情演示讲解词义。认读的字要和教材中画面联系起来，做到整体认读，不能脱离画面孤立学字。

3. 句子

继续学习简单句，丰富句式。要注重在掌握了句式后进行替换词语，说出新句的训练。要强调在交往中学习、运用句子。此年龄段的聋幼儿可以说单词句，但在词汇丰富的基础上，应开始以说双词句和多词句为主，逐步要求说完整的话。

4. 儿歌

要学习 7 首儿歌。学习儿歌时，应注意语言技能的训练。在聋幼儿了解了儿歌的大意后，要训练他们控制语音的强弱、节奏，学发轻声，尽可能正确地朗读儿歌。

5. 故事

本册教材安排了 4 个简单故事。要让聋幼儿看图学习讲故事。在他们理解故事大意的基础上，让他们演示故事情节，会简单地表演游戏。

为了锻炼聋幼儿的思维能力，本册教材还安排了 1 个谜语。谜语以儿歌的形式出现，画面揭示了谜底。

**三、练习部分**

练习部分有 14 课，以"看一看、说一说"等形式出现。主要是复习学过的内容，提高说话的能力，但也适当充实了一些新的内容，以利于听力、智力情况较好的聋幼儿发展语言和思维。因篇幅所限，本册练习课的教学提示从略。

本册教材体现了语言训练与思想品德、行为习惯教育培养相结合的精神。教师和家长要根据每课的内容，把聋幼儿思想品德的教育和良好行为习惯的培养寓于语言训练过程中，让他们在体、智、德、美、劳各方面协调发展。

# 1 我会说话了

**要求**

（1）使聋幼儿进一步树立学说话的信心。

（2）激发聋幼儿开口说话。

**提示**

（1）教师或家长带聋幼儿到语言训练中心参观。通过参观，使聋幼儿树立学习说话的信心。

（2）在日常生活中，教师或家长要激发聋幼儿开口说话。可让他们经常看看"我会说话了"的课文插图，像图上的小朋友那样，努力学习说话。

## 2 我们在上课

**要求**

（1）通过参加语言训练的活动，使聋幼儿了解语言训练的几种方法和形式。

（2）对聋幼儿进行有系统的特殊训练。

**提示**

（1）对聋幼儿的语言训练可采取多种方式，如集体训练、个别训练。集体训练是主要方式。教师在语言训练中，注意调动全体聋幼儿学习说话的积极性，使他们在集体活动中学习知识，逐步掌握说话技能。在课堂上，聋幼儿最好坐成半圆形，以便使得每个人都能看清老师的口形；老师讲话要自然、清楚。

室外教学可为聋幼儿提供直接的体验。可以带聋幼儿在马路边上看红绿灯；到动物园看动物；到菜市场认识蔬菜；到水果店认识水果等，使他们获得感性认识。电视及图画也可以作为辅助手段，但要尽量到实际生活中去体验。这些直接的经验使聋幼儿能更准确、更牢固地掌握知识。这对孩子的语言、智力发展有很大的帮助。在此项教学训练中，应注意孩子的安全。

（2）在语言训练中，教师或家长要对聋幼儿进行听（看）和说话的训练。

听觉训练：让听力障碍的儿童使用助听器，利用残余的听觉，进行感觉声音、辨别声音和理解声音的训练。

看话训练：是让聋幼儿学习注意观察说话者的嘴唇运动和面部表情，从而了解说话内容的训练。

看话的要求如下。

①光线要强。讲话人必须站在明处，不要背对光线。

②角度要适宜。不能居高临下，聋幼儿和教师要基本处于同一高度。

③口形要适当、准确、清晰可辨，不能过分夸张。

④教师要直视聋幼儿，不能看别处。

⑤讲话人速度要适中，不能过慢或过快。

⑥面部表情要和内容基本一致，聋童一般在看口形时都注意观察教师表情以帮助理解其义。

⑦注意讲出完整句子，并且要适当告知聋幼儿所讲内容的范围，如用指语或图画等。

⑧聋幼儿不能理解时，要用另一种方法表达，必须耐心，应体谅他们。

⑨要注意观察聋幼儿的表情，有些聋幼儿使用助听器时间较长，听得很累时，有可能摘下助听器。

说话训练是一种发音技能、学词、说话的训练，其目的是培养聋幼儿在交往活动中理解与使用语言的能力。

## 3　听力检查

**要求**

要配合检测人员接受听力检查，了解听力检查的要求和方法。

**提示**

教师或家长可通过客观测听与主观测听了解聋幼儿的听力状况，并根据检测情况给其配戴助听器，调节助听器，增加听觉刺激，以利于聋幼儿听话、学话。听力检查可根据聋幼儿语言训练进展的情况定期进行，以获得准确的听力损失情况。

## 4　语言技能训练

**要求**

了解语言技能训练的形式和方法。

**提示**

要教聋幼儿掌握呼吸技巧，进行口腔器官的训练；学做舌体操；学会调节发音的技巧。

舌体操内容如下。

①伸缩运动——舌尖略微向前吐出，然后缩进（上下唇要与舌头碰在一起，不要把嘴张大）。

②左右运动——舌尖向左、右摆动（嘴不要张大）。

③上下运动——舌尖先抵向上齿（嘴张开），再抵向下齿。

④抵齿运动——舌尖用力抵上下齿，然后向里缩，缩了再抵（上下齿只露出一条齿缝）。

⑤抵腭运动——舌尖抵上腭，发出"笃、笃、笃"的马蹄声。

⑥抖动运动——嘴张开，舌前部在口腔内迅速前后移动。

⑦转动运动——张嘴，舌尖沿上下唇舔一圈。

舌体操要天天做，以求能够自如控制舌位，灵活转动舌头。

言语技能的练习内容如下。

①可用蜡烛、小纸条等教具，辅导学生呼气和吸气。

②让学生用手摸教师的喉部，感觉声带振动。

③让学生用手摸教师的颈部，再摸自己的发声部位或用其他方法，对照纠正高亢音。

④教师用手模拟口腔、舌头，讲明舌头摆放的形状和位置。

⑤用手背感觉气流的速度。

⑥照镜子，看舌头摆放的位置。

⑦用手指轻按鼻翼，感觉鼻腔的振动。

## 5　在生活中学习语言

**要求**

在日常生活中及时而适当地利用情景去诱导聋幼儿发音说话。

**提示**

生活中的交往有利于聋幼儿学习语言和使用语言。

聋幼儿的交往活动可从最低水平教起。教师、家长对聋幼儿的交往愿望要敏感，及时地启发和引导他们发音、说话，并热情鼓励其交往。

## 6　在游戏中学习语言

**要求**

使聋幼儿在游戏中更好地学习语言。

**提示**

教师或家长可引导聋幼儿做下列游戏活动。

①用毛笔、粘土、颜色粉笔、纸、橡皮泥做创造性的游戏。

②用玩具，如洋娃娃及厨房用具做创造性游戏。

③做全身运动，如玩三轮车、划船、打秋千、坐跷跷板等。

④用不同颜色及形状的积木、插片等制做各种模型。

⑤使用图片、画板做配对游戏。

⑥参加模仿活动。如做"模仿领袖"、"小号手吹号"、"开火车"等游戏。

⑦把儿童文学的作品介绍给聋幼儿，教他们看图画或把故事编演成短剧。

## 7　d

**要求**

（1）学习 d 的发音、指式及相关音节。

（2）学说词语：大衣、弟弟、读书、肚子。

（3）学说句子："弟弟吹笛子"、"弟弟骑木马"。

（4）认读"大"字。

**提示**

（1）发音技能训练：让聋幼儿进行呼吸练习，如深呼吸、吹笛子、吹喇叭。做口腔器官运动练习，如舌齿练习：舌尖顶住上齿龈，保持几秒钟后放开，反复练习。做舌体操（1-7节）。进行唱音练习：长音练习：a—u—i；短音练习：a、a、a，i、i、i，u、u、u，a、u、i……；拟声练习：学马儿跑声，da、da、da。

（2）让聋幼儿仿照发音图学习 d 的发音和指式。d——舌尖顶住上齿龈，然后突然放开，气流激动阻碍点，使口腔发生共鸣而成声。透出气流很微弱。教师让聋幼儿看舌位和牙齿的位置，可用手模拟口腔，表明舌头摆放的形状和位置，还可用镜子观察口腔中的舌位。然后闭气，突然放开，将口腔中的气自然放出，舌尖同时离开上齿，和韵母 e 相拼，发出 de（的）声。聋儿按上述步骤反复练习。拼读练习：用 d 音和学过的韵母相拼，da、de、di、du。拼读时采取综合分析法，整体认读 da，如发音不准，再分解正音 d 和 a，然后再整体拼读。板书格式例：

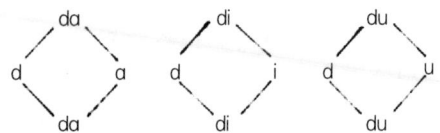

对有残余听力的聋幼儿，可进行四声训练：dā、dá、dǎ、dà；dī；dí、dǐ、dì；dū、dú、dǔ、dù。

（3）学说词语时，教师可指图提问："这是什么？"让聋幼儿模仿口形，进行读的练习。读词时要一口气读一个词，对有残余听力的聋幼儿，可教他们读出重音。然后进行听（看）话练习，如听（看）话复述并指出词语，或听（看）话指图、找词。这种练习可在师生间进行，也可在聋幼儿之间进行。

（4）学说句子时，要让聋幼儿看图学习，采用综合分析法。可指图提问："弟弟做什么？"让聋幼儿模仿口形读句。在整体读句的基础上，讲解其中的词语，例：吹笛子。先拿出实物笛子，模仿口形读："笛子"；然后教师演示吹笛子的动作，让聋幼儿集体模仿，再读词组。练习读句："弟弟吹笛子。"可主、谓分读，无需一气呵成。在朗读的基础上进行听（看）话练习。学习"弟弟骑木马"一句也采用综合分析法。让聋幼儿去游乐园骑一骑木马，有了感知认识，能够加深对句子的理解。

在看图学词、句的基础上，认读"大"字，不但能读准字音，还要记住字形。

本课重点是学习 d 的发音，所以选择的词句均带有 d 音。教师可增加带有 d 音的词语，以进一步巩固 d 的发音。

**建议**

（1）每人准备一面小镜子。

（2）拼音练习要注意直呼音节，不要把声母和韵母隔开，读成两个音节。

（3）聋幼儿要尽量利用助听器，加强辨音训练。

（4）在使用笛子和小喇叭前，要用酒精消毒。

## 8 t

**要求**

（1）学习 t 的发音、指式及相关音节。

（2）学说词语：喂兔、踢球、推土、跳舞。学说句子："小兔抬土"、"弟弟踢球"、"爷爷推土"、"小朋友跳舞"。

（3）认读"土"字。

**提示**

（1）进行发音技能训练：让聋幼儿做呼吸练习，如吹蜡烛、吹羽毛、吹纸片等。进行口腔器官运动的练习，方法同 d 音。

（2）让聋幼儿观察 t 的发音器官图和指式字母图。t——舌尖活动与 d 相同，只是送出的气流较强。教师让聋幼儿摆正舌位，将手背放在嘴前，感觉气流的冲出，也可把纸条摆在嘴前，气流冲出，颤动纸条。t 音是"特"字开头的音素。拼读练习：用 t 音和学过的韵母相拼，如：ta、te、ti、tu。读时采用直呼法，如发音不准，可分解正音。读后进行四声训练。

（3）指图提问："小朋友做什么？"让聋幼儿模仿口形。可指图讲解名词："兔"、"球"、"土"。结合图让聋幼儿做动作，以理解词义。要在听说上下功夫。可通过听（看）话练习巩固词语的读音。

（4）指图提问："画上有谁？""爷爷做什么？"带领聋幼儿读句；朗读时可采用综合分析法，让聋幼儿读出轻重音，尽可能做到一口气读完一句话。

在看图学词、句的基础上，可认读"土"字，记住字形和读音。

本节课重点是学习 t 的发音，选择的词句均带有 t 音。教师可增加带有 t 音的词语、句子，进一步巩固 t 的发音。

**建议**

（1）为每个聋幼儿准备一张长约 5 寸、宽约 1 寸的纸片，让他们做吹的练习。

（2）对于有一定残余听力的聋幼儿，使用助听器正音、辨音。

## 9 n

**要求**

（1）学习 n 的发音、指式及相关音节。

（2）学说词语：大牛、牛奶、男、女、小鸟。学说句子："奶奶拿杯子"、"女孩喝牛奶"。

（3）认读："牛"、"小"。

**提示**

（1）让聋幼儿进行呼吸练习，如深呼吸、吹两支蜡烛，用鼻子送气使纸片颤动。做口腔器官运动的练习，如舌齿运动，舌尖顶住上齿龈，保持几秒钟后放开，反复练习，做舌体操(1～7节)。进行唱音练习，长音练习：a—；短音练习：a，a，a；快节奏唱音练习：a、u、i……闭上嘴用鼻出气发声。复习 m 音。

（2）让聋幼儿仿照发音图，学习 n 的发音和指式。n——舌尖顶住上齿龈，软腭下垂，声带颤动；气流先到口腔，但无出路，上升鼻腔，从鼻孔出气发音。教师让聋幼儿两唇自然分开，可以看出上下牙齿中间堵住舌头，用小镜观察；用食指接触鼻翼，可感觉鼻腔的震动；在鼻孔下可感到微弱的气流；手摸喉部感觉声带颤动；也可用 m 音过渡到 n 音，观察口腔部位的变化。n 是"男"开头的音素。

读音练习：用 n 音和学过的韵母相拼，na、ni、nü，采用直呼音节法认读，读后进行四声训练。

（3）看图说词"大牛"、"牛奶"、"小鸡"。可指图提问："这是什么？"讲解"男"、"女"两字，可分别找"爷爷"、"爸爸"、"哥哥"、"弟弟"及"奶奶"、"妈妈"、"阿姨"、"姐姐"、"妹妹"等图帮助聋幼儿理解。在熟读的基础上进行听（看）话练习。

（4）看图说句。可指图提问："画上有谁？""奶奶做什么？"指导聋幼儿读句，让聋幼儿读出轻重音，做到能一口气读完一句话。

在看图说词、句的基础上，认读"牛"、"小"两字。教师可选择带有 n 音的词语让聋幼儿多练习说话。

**建议**

（1）吹蜡烛时，先练习吹灭一支蜡烛，然后练吹灭两支蜡烛。为了提高兴趣，可进行吹蜡烛比赛。

（2）用以前学过的词语组成新句，练习说话。

## 10　ai

**要求**

（1）学习 ai 的发音。

（2）学说词语：拍球、排队、米袋、白菜。学读儿歌："小白兔，白又白……。"

**提示**

（1）让聋幼儿做呼吸练习，深呼吸、吹纸蛙。做口腔器官运动的练习，嘴唇张大，缩小。做舌体操（1-7 节）。进行唱音练习，练长音、短音和快速发音。

（2）学习 ai 的发音及有关音节。ai——由"前 a"开始，舌尖顶住下门齿背不动，舌位逐渐上升，口渐闭，到接近 i 时止。a 响而长，i 弱而短。教师可让聋幼儿观察口形的变化，从前一个韵母 a 很快滑到后一个韵母 i，在整体认读的基础上再分解动作。整个口形是变化的。不要读成 a 和 i 两个音，要读成 ai，即"爱"。四声练习：āi、ái、ǎi、ài。读音练习：用 ai 音和学过的声母结合，bai、pai、mai、dai、tai、nai 使用直呼法读。正音时可用综合分析法，例：

```
    bai              pai              dai
   /   \            /   \            /   \
  b     ai         p     ai         d     ai
   \   /            \   /            \   /
    bai              pai              dai
```

在读音过程中，可根据聋幼儿的接受能力。给上述音节注上声调，表明语义，用图表示："白"、"奶"用动作表示："摆"、"排"、"买"、"戴"、"抬"。

（3）指图提问："小朋友做什么？"让聋幼儿学说"拍球"、"排队"两词。提问："这是什么？"学说"米袋"、"白菜"两词。指导读词时注意 ai 的正音。在熟读的基础上进行听（看）话练习，听话练习即听声指词，听声演示动作，听声指图说话等。对不易听到的词，可让聋幼儿看口形以帮助学习。

（4）看图学儿歌。教师先有表情地朗读，读出韵律，教聋幼儿一句一句模仿学儿歌，注意重点指导带有 ai 的音节。讲解"萝卜"、"菜"、"小白兔"、"两只"、"耳朵"的词义时，结合本课图画；也可演示动作以帮助讲解"立起来"、"吃"、"蹦蹦跳跳"、"跑"的词义时；用龟和兔赛跑的故事帮助理解"快"的意思。指导聋幼儿朗读，注意轻重音的处理，教聋幼儿调节气流的方法，有表情、有语气地朗读、背诵儿歌。

小白兔，白又白，两只耳朵／立起来。爱吃萝卜，爱吃菜，蹦蹦跳跳／跑得快（·表示重音，／表示吸气）。

可以让聋幼儿边拍手边有节奏地背诵儿歌。

本节课重点学习 ai 的发音及有关音节，选择的词、儿歌基本上都带有 ai 音，教师可补充带 ai 音的词句，增加练习的机会。

**建议**

（1）每人折一个纸青蛙，吹纸青蛙。可以让聋幼儿自己一个人吹，也可以相互吹，进行比赛，以提高学习的兴趣。

（2）准备教具：米袋、白菜、萝卜。

（3）教"拍球"、"排队"两词时，可让聋幼儿进行集体活动，看谁拍球的次数多，看准排队排得快。

（4）做小白兔的头饰，教聋幼儿表演说儿歌。

## 11　ao

**要求**

（1）学习 ao 的发音。

（2）学说词语：包子、大刀、看报、跑步；学说句子："老猫跑"、"小猫跳"、"宝宝拿大刀"。

（3）认读："刀"、"子"。

**提示**

（1）进行发音技能练习。让聋幼儿练习深呼吸，做口腔器官运动的练习。如：嘴唇张大、缩小。做舌体操。进行拟声练习，学老虎叫：ao——u，ao——u。唱音练习，包括长音练习 ai——，长短音练习 ai—ai、ai、ai。拼音练习 bai、tai、mai 等。

（2）学习 ao 的发音及拼音。ao 是后元音的音素复合，由"后 a"开始，舌头一直后缩，舌位逐渐上升，唇形逐渐变圆，到接近 u 时止。a 响而长，o 弱而短。教师让聋幼儿观察舌位的变化，可以手代舌，再观察口形的变化，以 a 为主，自然过渡到 o。要一口气读，中间不要有停顿，不要读成 a 和 o，发出的应是"祆"这个音。可观察课图"祆"；进行正音练习。四声练习：āo、áo、ǎo、ào。拼读练习：用 ao 音和学过的声母结合，如 bao、pao、mao、dao、tao、nao、等。使用直呼读法，正音时使用综合分析法。在读音过程中，可根据聋幼儿的接受能力，给上述音节注上声调，让他们看图理解部分音节的意思。

（3）学说词时，可指图提问："这是什么？"的方式来学说"包子"、"大刀"两个词。提问："小朋友做什么？"学说："看报"、"跑步"。指导读词时，注意 ao 的正音。在熟读的基础上进行听（看）话练习。

（4）学句时也指图提问："这是什么？"回答："这是猫"。提问："猫做什么？"回答："猫跑"、"猫跳"。让聋幼儿读出完整句子。看图区别"老猫"、"小猫"。可让聋幼儿戴上老猫和小猫的头饰，演示"跑"、"跳"的动作。老师应指导朗读，让聋幼儿一口气读出完整句。有条件的可以学说儿歌："老猫跑，小猫跳，跑跑跳跳真热闹。"

**建议**

（1）教聋幼儿做老虎向小猫学艺的游戏，边做游戏，边发声，o—u、mi—a—o。

（2）准备老虎、小猫的头饰，增强趣味性。

## 12 ou

**要求**

（1）学习 ou 的发音和有关音节。

（2）学习词语：吃豆子、豆腐、头、头发。学习句子："小猴骑小狗"，"奶奶买豆腐"。

（3）认读："头"。

**提示**

（1）让聋幼儿进行送气、吸气、深呼、深吸的练习；做口腔器官运动的练习，嘴唇由大到小变化。做舌体操。进行拟声练习，如学老牛叫：哞……；进行唱音练习：长音练习 ai—，ao—，长短音相间练习 ai—ai、ai、ai、ai、ao—ao、ao、ao，拼音练习 dao、tao、nao 等。

（2）学习 ou 的发音，ou 唇形在圆与不圆之间，微微收拢，舌位后移，上升，唇形逐渐拢圆，到接近 u 时而止；o 响而长，u 弱而短。教师让聋幼儿观察舌位变化，变动口形，气流不能中断，不要读成 o 和 u，要整体读成 ou，即"欧"音。可让聋幼儿观察课图"藕"进行正音练习。四声练习：ōu、óu、ǒu、òu。

拼读练习：用 ou 音和学过的声母结合，mou、fou、dou、tou 等，使用直呼读法。正音时采用综合分析法，在读音过程中，可根据聋幼儿的接受能力，给上述音节注上声调，表明语义，用图表示："豆"、"头"，"抖"用动作演示。

（3）看图说词："豆"、"豆腐"、"头"、"头发"。指图提问："这是什么？"回答："这是豆腐。"模仿口形。指导聋幼儿读词。注意 ou 的正音。看图提问："小妹妹做什么？"回答："小妹妹吃豆子。"学说："吃豆子。"可让聋幼儿吃豆子，进一步加深印象。在熟读的基础上进行听（看）话练习。

（4）看图说句。指图提问："这是什么？"回答："这是小猴"，"这是小狗"。提问："小猴做什么？"回答："小猴骑小狗。"指导朗读，重点纠正"猴"、"狗"的音。通过模仿骑竹竿、骑自行车、骑马的动作来理解"骑"，可指"奶奶买豆腐"的图提问："她是谁？""奶奶做什么？"以理解句意。指导朗读，让聋幼儿做到一口气说完一句话。在熟读的基础上，可作换词练习，如说儿歌："小狗跑，小猴跳，跑跑跳跳真热闹。"

教聋幼儿认读"头"字。

**建议**

（1）准备食物：豆腐和各种豆子。

（2）制作小猴、小狗的头饰。

（3）创造环境，演示"奶奶买豆腐"。

## 13　头

**要求**

（1）说出头部每个器官的名称。

（2）学习课文中的对话。

（3）教育聋幼儿讲卫生。

**提示**

（1）教师提问："这是什么？"让聋幼儿模仿口形读词。指着各器官，学说词语："眉毛"、"眼睛"、"鼻子"、"脸"、"嘴"、"牙"、"舌"、"耳朵"。可以用洋娃娃、小动物等教具让聋幼儿指说上述器官的名称。提高聋幼儿说话的兴趣。还可以进行听（看）话练习，说一说词语，指一指部位，看谁反应快。

（2）要在交往中学句。教师提问："你的鼻子呢？"教聋幼儿指点并说："在这儿。"再让聋幼儿互相问话："你的……呢？""在这儿。"进行听说训练。

（3）进行讲卫生的教育。教育聋幼儿经常洗头，天天洗脸、刷牙，保护眼睛。身边可带块小手绢，擦脸、擦汗。

## 14　我你他

**要求**

（1）学说词语：我、你、他，并应用。

（2）学会答和问："你几岁了？""你叫什

么名字？"

**提示**

（1）创设环境，找3位聋幼儿到台前，根据对话人所站的位置，理解"我"、"你"、"他"的概念，注意让聋幼儿模仿口形。变换位置，3人一组，进一步理解，进行说话练习和听话训练。

（2）找1名聋幼儿到台前，教师提问："你几岁了？"教聋幼儿回答："我4岁了。"集体复习词"三"、"四"、"五"。再提问："你叫什么名字？"教聋幼儿回答："我叫……。"教每一个聋幼儿说出自己的名字和年龄。在此基础上，每2人一组，互相问答。

（3）教师让聋幼儿背对说话者，听一听问的什么话，然后回答。

## 15　学习

**要求**

（1）学习句式：谁做什么，学说4句话。

（2）教育聋幼儿爱学习，养成良好的学习习惯。

（3）认读："王"、"于"、"丁"。

**提示**

（1）看图学习4句话。提问："他叫什么名字？""他做什么？"给画上的小朋友起名。这些姓名均表示"谁"。说话练习："谁"、"做什么"。模仿口形，学习朗读，"么"字要读成轻声。这4句话均通过观察课文插图依次出现。教育聋幼儿看书注意用眼卫生；画画时要认真，不乱涂抹。

（2）用"谁做什么"的句式进行听说训练。可做词语替换练习；看动作演示练习说话；听（看）话演示动作。

## 16　身体

**要求**

（1）认识身体一些部位的名称。说一首简短的儿歌，学说一句话：小朋友做操。

（2）教育聋幼儿天天锻炼身体，积极学习做操。

**提示**

（1）开始集体模仿做操的动作，让聋幼儿模仿口形，学说："我的身体好，天天做早操。"学习词语时，边看图、边读词，进行听说训练。注意锻炼身体及讲卫生的教育。再看图出现句子："小朋友们做操。"

（2）指导朗读：学习调节发音气流读儿歌，让聋幼儿读出轻重音。

（3）巩固练习：读词、句、儿歌。听（看）话，让聋幼儿指词、指图、指出身体的各部位。听（看）话读句，指导聋幼儿背诵儿歌。

## 17　颜色

**要求**

（1）认识4种颜色：红、白、黑、绿。

（2）学说词语：红花、白云、黑板、绿叶。

**提示**

（1）教师准备"红"、"白"、"黑"、"绿"4种颜色的图画，引导聋幼儿观察，给予美的享受；还可准备4种颜色的教具让聋幼儿认识颜色。在讲解时，拿同一颜色的实物，写出词和音节，教聋幼儿认字，读词。讲完一种颜色再讲另一种颜色。然后再一起出现4种颜色，在比较中学习和读出"红"、"白"、"黑"、"绿"4个词。

（2）让聋幼儿看图或实物说词进行听说训练。

（3）听（看）话读词复述词语指物，听（看）话找词。对语言基础较好者，可进行对话练习："这是什么？""这是绿叶"。"这是什么颜色？""这是红色。"

## 18　饮食

**要求**

（1）学说词语：包子、面包、汽水、鸡蛋、吃面包、喝汽水。

（2）教育聋幼儿吃饭要专心，要爱惜粮食。

**提示**

（1）复习以前学过的有关食物的词语。

（2）看图或实物说词："包子"、"面包"、"汽水"、"鸡蛋"。演示"吃面包"、"喝汽水"的动作，学习词语，并注意"吃"与"喝"的区别。指导聋幼儿朗读。口头造句："我吃面包。""小朋友喝汽水。"要求聋幼儿一口气说完一句话。

（3）巩固练习。看图指词朗读，听（看）话指物或演示动作后说词，用吃、喝练说话。

（4）在讲解过程中，教育聋幼儿吃饭要专心，不说话，饭粒不要掉在桌上、地上，养成良好的行为习惯。

## 19　吃什么

**要求**

（1）了解动物吃的东西，并学说词语。

（2）学习句式："什么吃什么。"学说7句话。

（3）教育聋幼儿要爱护动物。

**提示**

（1）看图提问："这是什么？"复习词语："大象"、"老虎"、"熊猫"、"猴子"、"狐狸"、"狼"。提出句式："什么吃什么。"看图说句："大象吃草"、"老虎吃肉"、"熊猫吃竹子"、"猴子吃桃子"、"马、牛、羊吃草"、"鸭吃鱼"、"狐狸、狼吃肉"。看图说词："草"、"肉"、"竹子"、"桃子"、"鱼"等。在熟读的基础上让聋幼儿换词说出新句:"马吃草"、"狼吃肉"等。在教学中教育孩子保护动物,不要乱给动物吃食。

(2)听(看)话找词句,听(看)话指图,指图说话,听(看)话回答问题。可让聋幼儿戴上动物的头饰,演示吃东西的动作,边演示边说话。

## 20 动物

**要求**

(1)认识动物:马、牛、羊、猪、鸡、鸭、鹅、狗,并说出他们的名称。

(2)学说疑问句:"动物园里有什么?"学说句子:"动物园里有很多动物。"

(3)教育聋幼儿要爱护动物。

**提示**

(1)可带聋幼儿到动物园参观,了解动物园里有很多动物。教育聋幼儿要爱护动物。

(2)看图学说词语:"马"、"牛"、"羊"、"猪"、"鸡"、"鸭"、"鹅"、"狗"。指导聋幼儿说词时,可指图提问:"这是什么?"让聋幼儿指图回答问题。在学习上述词语后,告诉聋幼儿这些都是动物。

(3)看图学说疑问句:"动物园里有什么?"让聋幼儿观察画面,用"动物吃什么"一课中学过的词语回答:"动物园里有……。"在此基础上学说句子:"动物园里有很多动物。"

(4)巩固练习。听(看)话指词、指物、找词、说话。问话练习:"这是什么?""动物园里有什么?"

## 21 阿姨早

**要求**

(1)学说词语:叔叔、阿姨、哥哥、姐姐。学说句子:"阿姨早"、"奶奶好"、"爷爷再见"。

(2)进行礼貌教育。

**提示**

(1)可先复习"爸爸"、"妈妈",再学习"叔叔""阿姨",区别词义。在生活实际中逐步会说会用人称词语。学习"哥哥"、"姐姐"、"妹妹"在年龄上的差别。还可对比自己大的男孩、女孩分别称呼哥哥、姐姐。教育聋幼儿对人要有礼貌,见人要问好。

学说句子:"阿姨早","奶奶好","爷爷再见"。在会说并理解句子的基础上可让个别聋幼儿扮成爷爷或奶奶,由其他小朋友向"爷爷"、"奶奶"问好。

(2)听(看)话读词,看图说话。创设情境练习问好。

**建议**

每天早上到幼儿园时,让聋幼儿向老师问好,向爸爸、妈妈说"再见"。下午回家时，向老师说"再见"。

## 22 三四五

**要求**

（1）教聋幼儿认读：三、四、五。

（2）学习一首儿歌。

**提示**

（1）复习"一"、"二"、拿着各种实物数一数；然后看实物数数，学习"三"、"四"、"五"。使用教具：学习用品、玩具等。指导聋幼儿正确地模仿口形，进行听、说训练。可按顺序点数，也可指物说出总数。

（2）看图学儿歌。教师有语气、有表情地朗读儿歌，然后让聋幼儿从上到下观察课图，并说说各是多少。再看图说词，提问："这是什么？"学习"玩具"、"球"、"鞭炮"等词。用演示的方法讲解"买"这个词，在词的组合中理解量词"个"。边讲解，边指导正确朗读。"啪、啪、啪"是象声词，表示放鞭炮时的声音。最后教师带领幼儿有表情地背诵儿歌。

**建议**

布置场景，表演小花猫买玩具。

## 23 来去

**要求**

（1）学习3组反义词：上和下，来和去，高和矮。

（2）在比较中进行说话练习。

**提示**

（1）看图看实物说词。提问："谁（什么）在上？""什么在下？"学说"上"、"下"两词。教师演示"来"、"去"动作。也可让聋幼儿演示，在演示中提问，"谁来？""谁去？"学说词语"来"、"去"。教师找一高一矮两个聋幼儿，在比较中提问，"谁高？""谁矮？"学说词语"高"、"矮"。在熟读词语的基础上，看本课插图，用上面的问话让学生进行说话练习。

（2）听（看）话读词。听（看）话指图并演示动作。进行词语搭配练习、听说练习。

## 24 多少

**要求**

（1）学习3组反义词：多和少、好和坏、对和错。

（2）在比较中进行说话练习。

**提示**

（1）看图或看实物学词。教师准备多种儿童常见的物品，指物提问：哪儿东西多？哪儿东西少？学习词语："多"、"少"。教师让聋幼儿观察玩具或看图问："哪个汽车是好的？""哪个汽车是坏的？"让聋幼儿学说词语"好"、"坏"。可用多种物品，让他们在比较中分清好坏。看图学说词语"对"、"错"、让聋幼儿观察图或演示动作,理解良好的行为习惯是对的,不好的行为习惯是错的;如,扶老奶奶过马路是对的,看见老奶奶摔倒在一边看笑话是错的。在理解词义的基础上练习说词。

（2）训练聋幼儿听（看）话,在语言活动中,理解和运用这三组反义词（可用第58课《什么好,什么不好》巩固本课词语）。

## 25　家用电器

**要求**

（1）学说词语：电视机、电冰箱、收录机、电扇。

（2）学习句式："这是什么？"

**提示**

（1）看图学词。提问："这是什么？"让聋幼儿初步了解这4种家用电器的名称读法。模仿口形,读词指图。听（看）话指词、指图和看图说词。

（2）看图提问："这是什么？"结合本课的词语进行对话。

**建议**

（1）在学习本课的基础上,提问："你家里有什么？"让聋幼儿根据自己家的情况回答："我家里有……。"

（2）通过听（看）话训练,让聋幼儿找出各种电器的图,也可布置家的环境,玩"过家家"游戏,在游戏中学习说话。

## 26　屋子里

**要求**

（1）学习词语：桌子、椅子、碗、筷、被子、枕头。

（2）学习句式："那儿有什么？"

**提示**

（1）先让聋幼儿了解课文图上东西的用处。模仿口形读词指图。

（2）看图学句式。指图提问："桌上有什么？""床上有什么？"指导读句。在熟读的基础上提出句式："哪儿有什么？"让聋幼儿举一反三；例如,"床上有被子","我家有桌子","菜场里有菜。"。教师可创设环境,让聋幼儿说出"椅子上有玩具"、"桌上有碗"等句。进行听（看）话训练。

（3）复习词语,再根据句式说话,进行词语替换训练,说出更多的新句。

## 27　l

**要求**

（1）学习"l"的发音,指式及相关音节。

（2）学说4句话。

**提示**

（1）进行发音技能训练,让聋幼儿进行呼吸练习,深呼吸,练习吹灭3支蜡烛。口腔器官运动、方法同 d 音。唱音练习可用以前学韵母时使用的方法。

（2）让聋幼儿看 l 发音器官图和指式图。l——舌尖顶住上齿龈（实际比 d 稍后），声带颤动，口腔发出共鸣，由舌前部的两边出气发音，教师可将口形适当张大，让聋幼儿看到舌的位置及舌头的上下摆动。"l"和韵母"e"结合出声"le"即"乐"。拼读练习用"l"音和学过的韵母结合，例：la、le、li、lu、lü、lai、lao、lou 等。读时采用直呼法。如聋幼儿发音不准，教师可用综合分析法帮助他们正音。边发音，边看课文插图，理解词义，同时进行四声训练。

（3）教师指图提问："这是什么？"学说"梨"。可以让聋幼儿尝尝洗干净的梨，学说句子："我吃梨。"学说："你起立"的句子，亦可让聋幼儿在演示中理解句意。学习"我拿蜡笔"。通过实物发问："这是什么？"来学习"蜡笔"一词。用演示动作学"拿"一词，理解和学说"姥姥拉毛驴"时，指图提问："这是什么？""她是谁？""她做什么？"应注意读句指导，使聋幼儿学会一口气说完一句话。

本节课重点学习 l 的发音。选择的句子要带有 l 音。教师以指导本课书句子为基础，有条件的可适当增加带 l 音的句子，以巩固 l 的发音。

**建议**

（1）如孩子一口气吹灭 3 支蜡烛有困难，教师可示范，如何深吸气，如何吹气，此项练习，需要个别指导。

（2）学习 l 音前，可复习以前学过的声母。

## 28　h

**要求**

（1）学习 h 的发音，指式。

（2）学习 3 句话。

**提示**

（1）发音技能训练：让聋幼儿进行呼吸练习。如深呼吸、吹气球。做舌体操进行唱音练习，复习学过的韵母。

（2）学习 h 的发音、指式及有关音节，让聋幼儿观察图，学习 h 的发音和指式。h——舌根接近软腭，中间留一窄缝，让气流从窄缝里挤出来，气流激动阻碍点，在口腔中发出共鸣。教师可让聋幼儿在外面跑步，跑后呼出的气较强，这就是 h，声带振动。"好"字开头就是这个音素。读音练习：h 和学过的韵母结合，例如：ha、he、hu、hai、hao、hou 等，读时采用直呼法，如聋幼儿发音不准，教师用综合分析法帮助正音。边发音，边看课文插图，讲图意，同时进行四声训练。

（3）看图学句。学说"小海吹号"、"弟弟喝水"时，指图提问："他是谁？""他做什么？"演示动作："吹号"、"喝水"。还可指物"小号"、"水"，问学生："这是什么？"帮学生理解词义。在此基础上指导读句。学说"这是狐狸和老虎"时，可指图分别问："这是什么？"教聋幼儿"狐狸"、"老虎"的发音，然后练习一口气读一句话。

本课重点学习 h 的发音、有关音节和有 h 的句子。有条件的还可适当增加带 h 音的词句，以巩固 h 的发音。

**建议**

组织"吹气球"比赛，看谁吹得大，吹得高。

## 29 ia

**要求**

（1）学习 ia 的发音及有关音节。

（2）学读一首儿歌。

**提示**

（1）发音技能训练。让聋幼儿练习呼吸，深呼吸，吹肥皂泡。做口腔器官运动的练习，上下唇紧闭，分开；紧闭，分开……。上齿和下唇接近，分开；接近，分开……；唇呈圆形，扁形；圆形，扁形……。做舌体操进行唱音练习，a、o、e、i、u、ü、ai、ao、ou。长音和短音结合，集体练习和个人练习结合。

（2）学习 ia 的发音及拼音。

ia—由"i"开始，舌位渐降，趋向中央，到"中 a"而止，i 紧而短，a 响而长。教师应让聋幼儿先发"i"音，然后不出声，口形大张成"a"，中间气流不中断，口形变化突出，以 a 为主，整体读 ia 即"鸭"音。教师可让聋幼儿看课文图"牙"、"鸭"、"乌鸦"；边正音，边讲词义。进行四声训练：iā、iá、iǎ、ià。读音练习：ia 音和声母 l 结合为 lia。

（3）看图学儿歌。教师先有表情地朗读，读出韵律，然后领读。注意重点指导带有 ia 的音节。讲解词义时可看图讲解："小鸭"、"我"、"妈妈"（指小鸭的妈）演示动作讲解："找"、"跑来"、"不打"、"帮"、"找到"。指导聋幼儿在朗读时注重轻重音的处理，教聋幼儿控制换气流的方法，让他们有表情、有语气地朗读，背诵儿歌。

小鸭／叫嘎嘎，跑来／找妈妈。

小鸭／你别哭，妈妈／回来啦！

**建议**

可以做吹肥皂泡的游戏比赛，看哪一组吹得又大又多。

制作小鸭子的头饰，教聋幼儿表演唱儿歌，或创设环境，让聋幼儿做"小鸭找妈妈"的游戏。

## 30 ua

**要求**

（1）学习 ua 的发音和有关音节。

（2）学说 3 句话。

**提示**

（1）发音技能训练。让聋幼儿进行呼吸训练，如深呼吸、吹喇叭、手拍嘴、打哇哇等。做口腔器官运动的练习，方法同 ia 音。

（2）学习 ua 的发音。ua——由 u 开始，舌位渐降，趋向中央，到"中 a"而止，u 紧而短，a 响而长。教师让聋幼儿先发 u 音，然后口形张大成 a，舌位从高到低，要一口气，整体读成 ua，即"娃"音，不要读成 u 和 a，可看课文插图，边正音，边讲语义。四声训练：uā、uá、uǎ、uà。读音练习，用 ua 音和学过的声母结合，如 hua。使用直呼读法，正音时采用综合分析法。在读音过程中，根据聋幼儿的接受能力，给音节注上声调，并看图讲语义。

（3）看图说句。学习"乌鸦哇哇叫"时，指图提问："这是什么？""它怎样叫？"可先复习"小猫"、"老虎"、"老牛"的叫声。学习"娃娃拿袜子"时，指图提问："他是谁？""这是什么？""他做什么？"复习学过的"宝宝"、"弟弟"等词，再学说新句。可集体演示"拿"的动作，重点读好 ua 音。学说"我和小海挖土"时，看图提问："他是谁？""他做什么？"指导读句后，可把聋幼儿分两人一小组，做挖土的动作，在活动中练习说："我和……挖土。"

（4）让聋幼儿把句子读熟后，进行换词说句练习，启发聋幼儿模仿老牛、小猫、老虎的叫声。进一步巩固带有 ua 音的句子。教师也可让聋幼儿听一听，用学过的词组成新句，进行听说训练。

**建议**

吹喇叭要吹出长音、短音，要有节奏。同时教师还可以配一些别的乐器，提高聋幼儿的兴趣，培养聋幼儿的节奏感。

## 31 uo

**要求**

（1）学习 uo 的发音。

（2）学说 4 句话。

**提示**

（1）发音技能训练。让聋幼儿进行呼吸训练，如吹喇叭（控制气流量和气流速度）。做口腔器官运动的练习，方法同 ia 音。进行唱音练习。a——颤动声带，长音，控制气流量。a、u、o、ai、ao、一口气连着读，中间稍有间隔，但不能中断或换气。

（2）学习 uo 的发音和拼音。uo——由 u 开始，舌位渐降到 o 为止；u 紧而短，o 响而长。教师先让聋幼儿发 u 音，然后口形与舌位稍有变化成 o。要一口气，整体读成 uo，即"我"音，可边看课文插图，边正音。四声训练 uō、uó、uǒ、uò。可用"uo"音和学过的声母结合，如 duo、tuo、nuo、luo、huo。使用直呼法。正音时采用综合分析法。在读音过程中，可根据聋幼儿的接受能力，给上述音节注上声调。

（3）看图说句。先复习"乌鸦哇哇叫"，再看图提问："这是什么？""它怎样叫？"学说"公鸡喔喔叫"句子。集体模仿公鸡叫。学说"蜗牛吃菜"，可看图提问："这是什么？""蜗牛吃什么？"在熟读句的基础上复习"什么吃什么"的句式，让聋幼儿举一反三。学习"我叫于海"时，先点名，让聋幼儿答"到"。然后让聋幼儿说出自己的名字，来理解句子。重点读出"我"字。学习"李海和李虎握手"时，可指图提问："他是谁？""（　）和（　）做什么？"理解词义。可让两个聋幼儿做"握手"动作，其他人说出动作的含义，例"（　）和（　）握手"。重点读出"握"字。

（4）填词造句练习说话。"（　）吃（　）"。"（　）（　）叫。""（　）和（　）握手"。进行换词后的听说训练。

## 32　水果

**要求**

（1）认读词语：柿子、香蕉、苹果、桃子、桔子、香瓜。

（2）学问话："这是什么水果？"

（3）学说句子："奶奶吃大的。""我吃小的。"进行礼貌教育。

**提示**

（1）让聋幼儿看图或看物，老师提问："这是什么？"学习水果的名称。准备一些水果，课上让小孩品尝水果的味道，加深印象。模仿口形，读词指物、指图。听（看）话指物指词。可复述学过的句子："我拿苹果。"在熟读词语的基础上，按老师的指令："你拿桃子"完成动作。

（2）把上述学到的词语归纳起来，告诉聋幼儿："这些是水果。"然后分别指图："这是什么水果？"让聋幼儿回答，再让聋幼儿向教师提问。

（3）创设环境，一个人扮成奶奶，一个人当小孙女。桌子上摆着水果，有大，有小。教师先帮聋幼儿理解"大""小"两词，教育聋幼儿对人有礼貌，尊敬老人，自己吃小的，把大的让给别人。然后提问："谁吃大的？""谁吃小的？"再用学过的词语进行替换练习：（　）吃（　）的。

**建议**

　　家长配合准备一些与课文有关的水果，洗干净带到学校。让家长观察聋幼儿在实际生活中的表现，注意聋幼儿课后是否按课文"互让"的精神去做，告诉老师。老师在课堂上进行正面教育，表扬那些做得好的幼儿。

## 33　蔬菜

**要求**

　　（1）认识几种蔬菜：菠菜、芹菜、茄子、扁豆，并学说它们的名称。

　　（2）学说疑问句："菜场里有什么？"学说句子："菜场里有很多菜。"

　　（3）教育聋幼儿不要挑食，不浪费。

**提示**

　　（1）可带聋幼儿到菜场参观，感受一下市场的景象，理解"很多菜"、"菜场"、"菜场里"等词语。

　　（2）看图或实物学说词语："菠菜"、"芹菜"、"茄子"、"扁豆"。指导聋幼儿听读词句。可指图提问："这是什么？"让聋幼儿回答："这是菠菜"、"这是茄子"等。在学习4种蔬菜的名称后，告诉聋幼儿这些都是菜，能吃，不要挑食。吃多少，要多少，不要浪费。

　　（3）看图学习发问："菜场里有什么？"让聋幼儿观察画面，用学过的蔬菜名称回答："菜场里有茄子"，"菜场里有芹菜"等。在此基础上学说句子："菜场里有很多菜。"

　　（4）听（看）话指词指物，指物找词说话。问话练习："这是什么？""菜场里有什么？"

## 34　车

**要求**

　　（1）认识几种车辆：公共汽车、卡车、大轿车、电车、摩托车、马车，并说出这些名称。

　　（2）学习疑问句："大街上有什么？"说句子："大街上有公共汽车。"

　　（3）读一首儿歌。进行安全教育。

**提示**

　　（1）带聋幼儿到大街上，感受一下大街上热闹的景象，复习第一册学过的车，理解"大街上"、"车"等词语。

　　（2）看图学习车辆的名称。指图提问："这是什么车？"教聋幼儿回答："这是公共汽车。"让聋幼儿模仿口形，读词指图。初步了解各种车的用途。告诉聋幼儿我们每天坐公共汽车或电车，大家要注意交通安全。可告诉他们："这些都是车。"

　　（3）通过看图学说疑问句："大街上有什么？"教聋幼儿学习由左到右的观察顺序，可以用卡片提示聋幼儿用学过的车辆名称，回答"大街上有电车"等。在此基础上出现句子："大街上有很多车。"

（4）看图学儿歌。教师有表情地朗读，读出韵律，然后一句一句地领读，并结合课图讲解词义。"马路口"、"红灯"、"绿灯"。演示动作理解词语："走到"、"看见"、"停一停"、"向前走"。可以创设情境，教聋幼儿表演，有的演警察，有的演司机；教育聋幼儿听从交通警的指挥，知道红绿灯的作用。指导聋幼儿在朗读时，注意轻重音的处理。教聋幼儿气流控制方法，让他们练习有表情，有语气地朗读和背诵儿歌。

小朋友，/手拉手，/一齐走到马路口。/看见红灯停一停，/看见绿灯向前走。

## 35 五一节

**要求**

（1）让聋幼儿知道五月一日是国际劳动节，教育幼儿要从小爱劳动。
（2）学说词语：扫地、擦桌子，洗手绢。
（3）学说句子："我们爱劳动。"

**提示**

（1）让聋幼儿知道五月一日是国际劳动节。复习"六月一日是儿童节"，然后，教师让聋幼儿看日历，告诉聋幼儿五月一日这一天是节日，是什么节。看图，引导聋幼儿观察，看看各国友人的样子，初步了解"国际"一词。"劳动"这个词在学下面词语中理解。指导朗读句子。

（2）教师指导聋幼儿擦桌子、扫地、洗手绢等，让他们亲自体验，然后教师指图提问："小朋友做什么？"让小孩把相应的词语说出来，最后由教师归纳："他们在劳动。"
（3）根据教师对聋幼儿平时劳动情况的了解，指出："……爱劳动。"教育聋幼儿要爱劳动，自己能做的事自己学着做，学说："我们爱劳动。"指导读句。
（4）（谁）扫地；（谁）擦桌子；（谁）洗手绢；可让聋幼儿边演示动作边说话。可提出："你在家里做什么？"让聋幼儿演示劳动的动作，进行说话练习。

## 36 在公园里

**要求**

（1）学说词语：看花、爬山．划船、捡树叶。
（2）学说问句："妈妈和于海做什么？"
（3）教育聋幼儿爱护公园里的一草一木。

**提示**

（1）可带聋幼儿到公园里去玩，观赏大自然的景色。认识："花"、"山"、"船"、"树叶"的形状和读音。教育聋幼儿爱护公园里的花、草、树木。
（2）指图提问："这是什么？"（"花"、"山"、"船"、"树叶"）；看图提问："他们做什么？"（"看花"、"爬山"、"划船"、"捡树叶"）模仿

（3）教师指图提问："他们是谁？"妈妈和于海做什么？"出现句子："妈妈和于海看花。""妈妈和于海爬山……"指导朗读。

（4）让聋幼儿用班里小朋友的姓名卡片放入括号里组成一句话，进行听说训练；例如：妈妈和（　　）爬山。（　　）和（　　）擦桌子。（　　）和（　　）爱劳动。看演示的动作说一句话，例如：（　　）和（　　）喝水，（　　）和（　　）吃包子。

## 37　山

**要求**

学说并认读字词：山、水、火、手、目、子。

**提示**

（1）认读字，学说话。模仿口形，结合图讲解词义。可进行听（看）话复述练习。

（2）听（看）话指词，组词说话。例：山—大山、高山；水—喝水；火—大火、火车；手—手指、小手。说出带有"子"的词。

## 38　形状

**要求**

（1）教聋幼儿认识几种形状。

（2）找出相同图形。

**提示**

（1）教师画出几种形状，例如：正方形、圆形、三角形，或拿出剪好的各种形状问聋幼儿："这是什么形状？"让聋幼儿回答："这是方的……"学习词语，模仿口形，指形状读词。进行听说训练。听（看）话指图、说词。

（2）找出相同形状。教师让聋幼儿看课文插图，图上有小动物，它们手里拿着各种形状，请聋幼儿边看边说，例"（　　）拿着（　　）形"。

**建议**

请家长协助聋幼儿剪裁本课要学的几种形状，并涂上颜色。

做找相同图形的游戏。每个聋幼儿各选一个图形，让他们找相同的图形，要求找得快，找得准，并说说这些都是什么形状。

## 39　太阳

**要求**

（1）学说词语：太阳、小花、小草。

（2）学习4句话，体会大自然的美好。

**提示**

（1）看图认识："太阳"、"小花"、"小草"的形状；用词卡、口形帮助聋幼儿学习这些词语的读音。

（2）看图学习儿歌。指图提问："什么怎么了。"学说句子："太阳出来了"，"小花开了"，"小草绿了"。提问："花有什么颜色？""草是什么颜色？"教师可找一些大自然景色的图片，或带聋幼儿观赏自然景象，并感受大自然的美丽。

## 40 早中晚

**要求**

（1）学说词语：早上、中午、晚上。

（2）说出自己在早上、中午、晚上做什么，并学习句子。

**提示**

（1）看课文插图，根据太阳、月亮的位置初步认识"早上"、"中午"、"晚上"。并模仿口形，看图读词。可结合一天的实际生活，引导聋幼儿说出"早上"、"中午"、"晚上"。

（2）看图学句，提问："早上小朋友做什么？"回答："早上小朋友上幼儿园。"提问："中午小朋友做什么？"回答："中午小朋友吃饭。"提问："晚上小朋友做什么？"回答："晚上小朋友睡觉。"指导读词说句。

（3）听（看）话找词，并演示动作。

## 41 做什么

**要求**

（1）学说 4 句话，进行思想教育。

（2）学习用词造句说话。

**提示**

（1）让聋幼儿看课图，提问："图上有谁？""谁做什么？"学习句子，模仿口形，读完整句。可组织聋幼儿做"开火车"、"老鹰捉小鸡"等游戏，告诉聋幼儿"小朋友做游戏"。可找一位"姐姐"画图画，学说"姐姐画图画"。让一位年龄小的男孩演示游泳的动作，学说"弟弟游泳"。找一位"哥哥"演示看书的动作，学说"哥哥看书"。在学说句子的同时，教育幼儿，做游戏时要团结友爱，互相帮助；画图画，看书时要认真；游泳要有大人带着，注意安全。

（2）学习用词造句说话的方法。听（看）话找词："看电视"、"游泳"、"看戏"、"画画"。并用这些词各说一句话。让一个聋幼儿演示动作，另一个说："小朋友做游戏……"；也可用学过的词语组句（用卡片）例："于海和李虎看书……。"

## 42 猜谜语

**要求**

（1）通过猜谜语认识"雪人"。

（2）学读一首儿歌。

**提示**

（1）先由教师有表情地说谜语，然后组织儿童看图学习谜语中的生词。用比较的方法讲解词语："胖"—"瘦""冬天"—"夏天"，"坐"—"立"，"怕"—"不怕"。在特定的环境中讲解:"刮风"、"晒太阳"。解词时注意指导朗读。学习句子时,要理解句意。指导读句,注意读出语气。例:娃娃／白又胖,／冬天／坐地上。／不怕／刮大风,／就怕／晒太阳。／在理解谜语的基础上揭示谜底。画面"雪人"就是谜底。教师根据当时的情况进行讲解。

（2）熟读儿歌后,可将儿歌改成:雪人白又胖,冬天坐地上,不怕刮大风,就怕晒太阳。

## 43 小兔和小鸟

**要求**

（1）看图讲故事。

（2）通过小兔和小鸟的故事,使聋幼儿懂得,别人有了困难,要主动帮助。

**提示**

（1）教聋幼儿观察每一幅图,通过提问,学说句子,可以提问:"画上有谁?""谁拿着什么?""气球怎么样?""小兔怎样了?""谁帮忙?""怎么帮忙?"模仿口形,指导朗读句子,然后把话连起来。在理解图意的基础上提问:"小兔为什么哭?""小兔为什么笑?"进行团结友爱互相帮助的教育。

（2）集体看图说句,看图讲故事。让每个聋幼儿试一试看图讲故事。

**建议**

让小朋友戴小白兔的头饰,拿着气球玩。一个小朋友戴小鸟的头饰,把故事中的情节表演出来。体现出团结互助的精神。

## 44 妹妹睡觉

**要求**

（1）看图讲故事。

（2）通过故事,教育聋幼儿要关心别人。

**提示**

（1）教聋幼儿观察每一幅图,通过提问,学习句子。可提问:"画上有谁?""谁做什么?""小朋友做什么?""姐姐说什么?""小朋友怎样做?"让小孩模仿口形,学习读句。在理解图意的基础上提问:"小朋友为什么走了?"教育聋幼儿学会关心别人,不要影响别人休息。

（2）看图说话,看图讲述故事,离开画面讲述故事。

**建议**

布置环境,教聋幼儿表演故事情节。让聋幼儿在场外当解说员。

## 45 饭前洗手

**要求**

（1）看图讲故事。

（2）通过故事,教育聋幼儿讲卫生。

**提示**

（1）教聋幼儿观察每一幅图,通过提问学

说句子。可进行这样的提问:"桌上有什么?"回答:"桌上有包子、馒头和面包"(不要求答全)。提问:"小明的手怎样了?"学说词"脏"。提问:"姐姐让他做什么?"回答:"姐姐让他洗手。"提问:"小明怎样做?"回答:"小明洗手。"提问:"他们做什么?"回答:"小明和姐姐吃饭。"学习读句。在理解图意的基础上提问:"小明为什么要先洗手后吃饭?"教师讲述,把手洗干净才吃饭是讲卫生的。

(2)练习讲述故事,表演故事情节。

## 46  看书

**要求**

(1)看图讲故事。

(2)通过本课,教育聋幼儿养成良好的学习习惯。

**提示**

(1)教聋幼儿观察每一幅图,提问:"图上有谁?""谁做什么?"用动作演示"拿"、"看"。多举几个例句让小孩理解"也"的含义,并在语调上给予加强。"学"在句子中是模仿的意思。教师可做一些表示学习的动作让聋幼儿模仿,进一步理解"学"的意思。要注意让聋幼儿在模仿中养成好的学习习惯。例:看书姿势,写字姿势等。在理解句意的基础上进行朗读。

(2)看图读句,看图讲故事。离开画面讲述故事。

**建议**

做"大家跟我学"的游戏。教师带着做和孩子带着做均可。内容可考虑做有关学习、劳动的动作。

# 附录 I  发音器官图

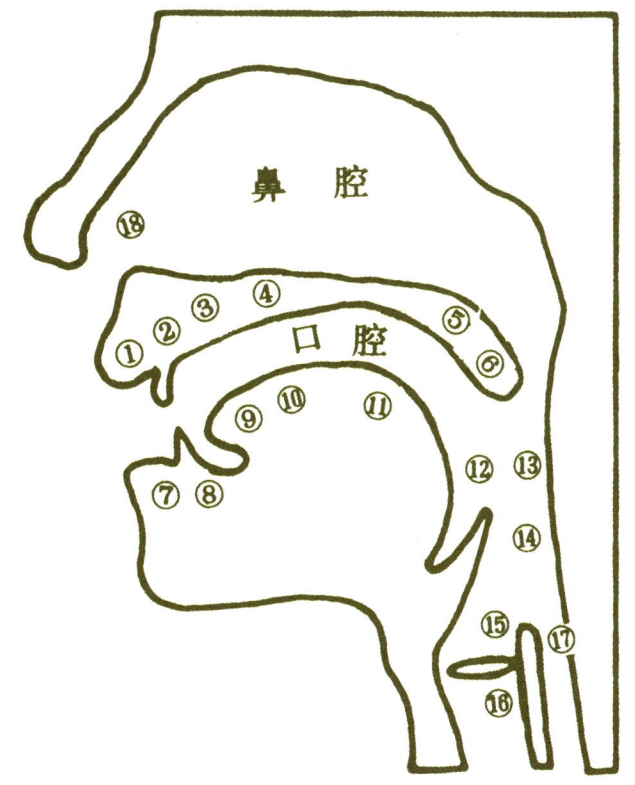

1. 上唇　2. 上齿　3. 牙床
4. 硬腭　5. 软腭　6. 小舌
7. 下唇　8. 下齿　9. 舌尖
10. 舌面　11. 舌根　12. 咽头
13. 咽壁　14. 会厌　15. 声带
16. 气管　17. 食道　18. 鼻孔

附录Ⅱ 汉语手指字母图

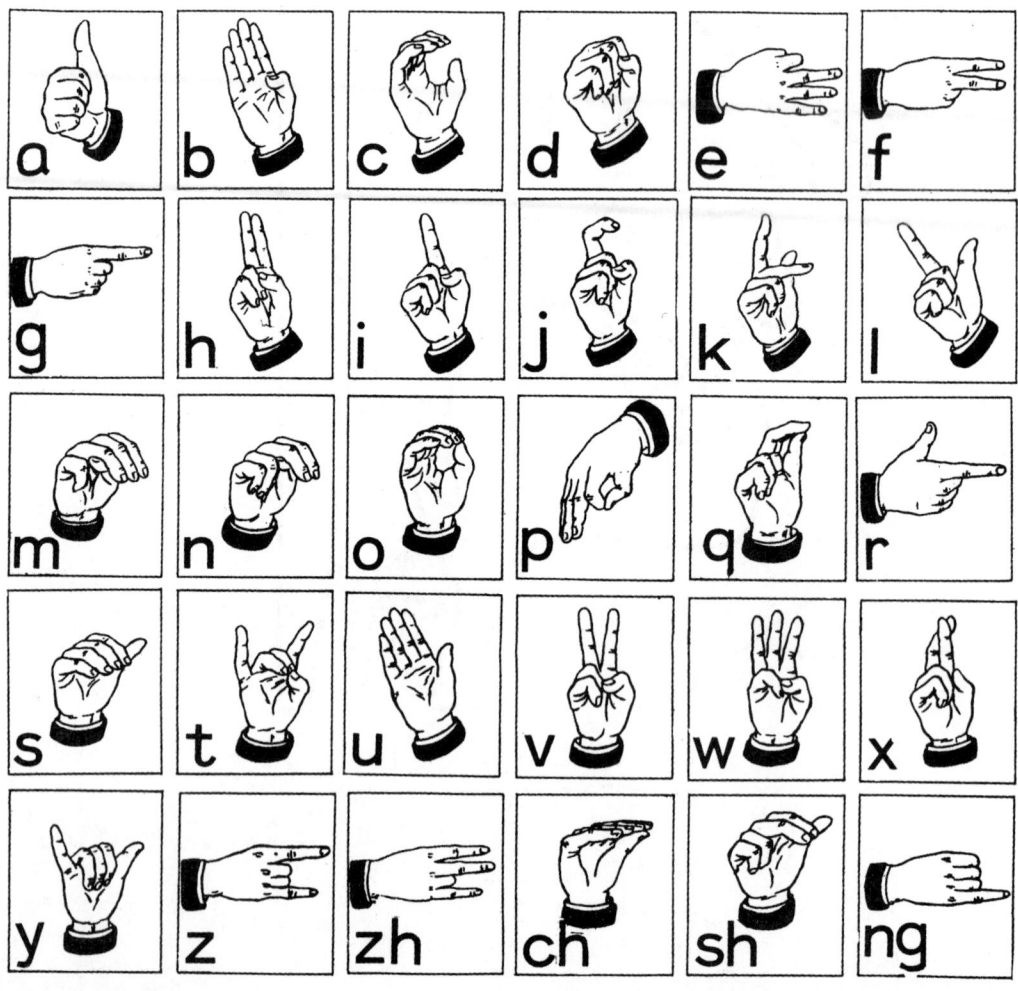